日本カトリック司教団

いのちへのまなざし

【増補新版】

カトリック中央協議会

増補新版のための前書き

「すべての人が与えられたいのちを十全に生きることができるように」

この願いとともにわたしたちは、二〇〇一年に本書の初版を発行しました。それからはや十六年の歳月が流れました。初版の発行が企図されたとき、教会は新たな千年期を前に過去を振り返り、謝罪し悔い改め、新たにされて旅立つべき、とするヨハネ・パウロ二世教皇の導きから大きな示唆を受けました。日本においても、とくに二十世紀の戦争の惨禍《さんか》への反省やその後の経済発展の中で失われていく人間性に対する深刻な憂慮など、このメッセージ発行の契機となる事象は多く、これを通じて教会と社会との間に実り豊かな対話が実現することを目指しました。

しかし初版が発行されてからの十数年を振り返ってみると、いのちへの神のまなざしが、わたしたち一人ひとりのまなざしとなるという状況とは程遠い出来事が続いています。初版が出て間もなく、米国では同時多発テロが起き、その後の中東への軍事介入はパンドラの箱を開けてしまったかのようです。東西冷戦終結によって世界平和が徐々に実現するかもしれないという期待は裏切られ、地域紛争は中東からアフリカ諸国や南アジアなどへ拡大する一方で、テロ活動は世界中に拡散しています。暴力は暴力の連鎖を生み、罪なき人々、とくに子どもや女性のいのちが失われ、多くの人が生きる場を奪われ続けています。

この十数年の間に日本社会も大きく変化してきました。社会や経済の状況とともに、家庭の状況も、いくつかの本質的な部分を含めて変化しています。超高齢社会やワーキングプアなど、現代的な課題は決して他人事《ひとごと》ではありません。

日本は、一九九五年の阪神淡路大震災、その後も各地での自然災害、とくに二〇一一年には東日本大震災、昨年は熊本震災を経験しました。東日本大震災による事故で、福島では原子力発電所が広範な地域に放射能汚染をもたらし、被災者のかたがたの生活再建の目途《めど》はいまだ立っていません。近代の科学技術至上主義がもたらした大きな弊害と限界をわたしたちは思い知らされることとなりました。多くの犠牲を伴った事故や災害が起こるたびに人間の力の限界を感じさせられ、いのちの尊さをあらためて認識させられます。

今回の改訂にあたり、生命科学の諸問題についてもあらためて考察を深めました。初版当時はまだそれほど課題となっていなかった、または存在すらしていなかったＥＳ細胞、ｉＰＳ細胞など、多くの新技術がこの十数年間に登場しました。研究者にとっては大きな前進である一方、精察すべき倫理的課題を少なからず持ち合わせています。

環境問題についての考え方も大きく進展しています。環境問題をそれ単独のものとして考えるのではなく、貧困や格差といった経済問題、社会問題、さらには諸文化や世代間にまたがる倫理をも包括して捉え、世界規模でその危機に立ち向かうべきであると理解されるようになってきました。これに関してはフランシスコ教皇の回勅『ラウダート・シ』が指針となります。

以上のような、日本と世界を取り巻く新たな状況を前にして、わたしたち司教団はここに、『いのちへのまなざし【増補新版】』を発行することとなりました。第一章は聖書をもとにした本質的な部分として、初版の記述を踏襲しています。第二章以降は全面的に改訂を加え、「原子力発電」「格差と貧困」「差別」「戦争・暴力」などの項目を追加しています。しかし、「わたしたち一人ひとり、被造物すべてのいのちをやさしさといつくしみをもって見守る神のまなざしが、わたしたち一人ひとりのまなざしとなり、すべての人が与えられたいのちを十全に生きることができるよう」にとの思いに変わりはありません。

本書が、一人でも多くの人々、とくに若い人たちに、いのちの尊厳といのちのさまざまなつながりを深く尊重するよう促すことができるなら望外の喜びです。

二〇一七年一月

日本カトリック司教協議会会長　髙見　三明

旧版あいさつ

キリスト降誕二〇〇〇年の大聖年は、全世界のカトリック教会にとって、とても大きな意味を持つ一年でした。

いうまでもなく、神の子・キリストの誕生は、わたしたち信仰を生きる者にとっては土台です。わたしたちはそこに、わたしたちのために尊い御ひとり子を惜しみなく与えられる神の極みない愛を見ます。神がそれほどまでにわたしたちを愛し、大事にしてくださっているという事実は、わたしたちには揺らぐことのない希望と喜びを与えます。

昨年一年、全世界のカトリック教会は、教皇ヨハネ・パウロ二世の力強いリーダーシップのもとに、世界各地で、二〇〇〇年前のキリストの降誕の神秘に集中し、信仰を新たにし、神への賛美と感謝に浸りました。カトリック教会にとっては実に喜びの一年でした。

しかし、わたしたちの生きている日本社会は、それとはまったく逆の状況にあります。何とも言えない不安と悲しみに覆われています。バブル経済の崩壊による社会全体の行き詰まり、家族のきずなの希薄化、学校教育現場の混乱、そして少年たちによるさまざまな残酷な事件や、中高年層の自殺増加など、悲しい事件に満ちあふれ、実に多くの人々が、複雑な社会の現実の中で、光も支えも見いだせず、深い闇の中で苦しみ、のたうち回り、叫びをあげています。

神がおつくりになり、その御ひとり子をお与えになるほど愛された人間の尊いいのちとその一回限りの人生が、不幸な状況の中に生きているということ、それを抜け出すためにどうしてよいか分からないままでいること。ここに、わたしたちカトリック教会の司教団が、いのちと人生についてのメッセージを世に送ろうと決意した一つの理由があります。

また一方で科学は進歩し、生活はますます便利に、そして快適になっています。物質的な豊かさと幸せを求めようとする人々の勢いは、とどまることがありません。またとくに、格段に進歩する生命科学や医療技術も、人間の目先の幸せのために利用され、神の分野をも侵してしまうような恐れも現実となってきました。「この世界は人間だけのものではない。人間の幸せも、この世で完結するものではない。世界は神の手の中にあるものであり、人間の営みも、神とのかかわりの中で完成され充実していくものである」ということを明確に伝えたいということも、このメッセージをまとめようとしたもう一つの理由です。

わたしたちはこのメッセージが、人生を真剣に、そして誠実に生きてみたいと願うすべての人々のいのちとその人生を照らす光、支える力となり、困難な人生を歩んでいく勇気と希望となって、とくに大聖年を通じてわたしたちが日々に味わっていた生きる喜びが、日本社会の隅隅にまで広がっていくことを、心から願います。わたしたち一人ひとり、被造物すべてのいのちをやさしさといつくしみをもって見守る神のまなざしが、わたしたち一人ひとりのまなざしとなり、すべての人が与えられたいのちを十全に生きることができるよう願って、このメッセージを送ります。

二〇〇一年一月

日本カトリック司教協議会会長　島本　要

目次

増補新版のための前書き 3
旧版あいさつ 6
はじめに 13
第一章 聖書からのメッセージ 19
第二章 人生の歩みの中で 35
一 いのち——誕生から成長 36
1 誕生 37
2 成長していく歩みの中で 40

3 性の目覚め 47
二 成人・結婚 53
1 就労と人間の尊厳 53
2 家庭を築く 56
3 新しいいのち 63
三 老いを生きる 69
1 老いを迎えるということ 69
2 高齢社会と教会 72

第三章 生と死をめぐる諸問題 77

序――生命操作と生命倫理 78
一 生と死の尊厳 83
1 出生前診断と障害 83

2 ヒト胚の操作 89
3 終末期医療 95
4 脳死と臓器移植 101
5 自殺／自死 109
6 死　刑 116
二 いのちを脅かすもの 124
1 環境問題 124
2 原子力発電 131
3 格差と貧困 138
4 差　別 145
5 戦争・暴力 154
おわりに 163

聖書の引用は原則として日本聖書協会『聖書　新共同訳』（二〇〇〇年版）を使用しました。ただし、漢字・仮名の表記は本文に合わせています。その他の引用に関してはそれぞれ出典を明記しておりますが、用字等を一部変更した箇所がありますことをお断りいたします。

『カトリック教会のカテキズム』二二六七の変更に基づいた、二〇一八年十月の常任司教委員会における決定に従い、第3刷より、第3章76（116頁）に加筆・修正を施しました。

はじめに

1　二十一世紀を迎えて十数年がたった今、わたしたち日本のカトリック教会の司教は、いのちの尊さをたえず訴え続けることの重要性をあらためて痛感しています。人類の進歩と発展を真に人間性にかなったものとするためには、地球上のすべての人が、民族、国家、宗教の違いを超えて協力し合い、一人ひとりのいのちを、かけがえのないものとして尊重し大切にする社会を築き上げていかなければならないのです。

過去を真摯に反省して

2　現代を生きるわたしたち人類は、未来を希望あるものとするために、過去の歴史を振り返り、人間による数々の過ちを真摯《しんし》に反省したうえで、今を歩んでいく必要があります。しかし、どれほどの反省が、実際に生かされているでしょうか。

集団殺戮《ジェノサイド》や大量破壊兵器使用の記憶は、人類に強い反省を促さずにはいないはずです。にもかかわらず今もなお、核兵器の拡散はとどまる気配がなく、地球のあちこちで戦争や紛争が起きています。テロリストによる無差別な大量殺人も後を絶たず、暴力の連鎖、憎しみの連鎖には終わりが見えません。

何の罪もない無防備な市民が、なすすべもなく戦乱に巻き込まれいのちを失っています。何とか生き延びられたとしても、愛する祖国を捨て、難民として異国に住む場所を求めなければならない人が大勢います。しかし、受け入れてもらえる場所を見いだすことは困難で、一度は永らえたいのちを結局は失ってしまうことも少なくありません。民族のエゴイズム、国家のエゴイズム、そして個人のエゴイズムが、無数の無垢《むく》のいのちを死に追いやっているのです。

先の戦争においてアジア諸国で侵略や残虐行為を行った日本は、原子爆弾を実戦で使用された唯一の国でもあります。ですから日本人は、自分たちが行ったことと被ったこと、その両面において戦争の非人間性を考えることができるはずです。しかし、そのような反省が、社会において真に生かされているとはいえない状況があります。人を戦争へと駆り立てることになる過激なナショナリズムが、日本でも息を吹き返そうとしていることを、わたしたちは深く憂慮しています。

こうした現状を前に、わたしたちは沈黙したままでいるわけにはいきません。悲惨な歴史が反復されないよう、声を上げていのちの尊厳を訴え続けたいと思います。

弱者を押しつぶす社会のゆがみ

3　戦後に目覚ましい発展を遂げ経済大国といわれるようになった日本において、現在、貧困の問題が深刻な様相を呈しています。これもまた、いのちの危機です。

長引く不況によって雇用状況が悪化し、労働市場の自由化の名の下に非正規雇用の労働者が著しく増加してしまいました。また、たとえ正規雇用であっても、最低生活費以下の賃金しか得ることのできない人もいます。一部の富裕な人たちと貧困にあえぐ人たちとの格差が、近年ますます広がってきています。親は懸命に働いているにもかかわらず十分な収入が得られないため、友達と同じようにゲーム機を買ってもらえないどころか、三度の食事にすら事欠いている子どもが大勢います。このような貧困は心にも影響を与えます。社会の将来を担う子どもたちが、希望に輝く未来を思い描くことができず、暗い気持ちを抱えて日々を送っているのです。

経済成長ばかりを追い求め、格差を是正しようとしない社会は、人間の尊厳を踏みにじる社会です。社会のあらゆる場所で、意識的あるいは無意識的に、弱者が切り捨てられ、周縁に追いやられています。お金に換算できる意味での役に立つか立たないかという判断が人の評価の基準となり、貧しい人、働くことのできない人は、人として当然の権利を行使することすら難しい社会が成立しています。こうした状況は、差別の意識を助長する温床ともなっています。

このような社会にあってわたしたちは、すべてのいのちは等しく尊厳をもち、そこには優劣などいっさい存在しないと訴え続けることを、宗教者の使命であると受け止めています。

科学技術の進歩と倫理的課題

4　現在の豊かさを人類が手に入れることができたのは、産業革命以降の科学技術の進歩の結果であることはいうまでもありません。二十世紀以降、その進歩の速さは加速度的に増してきています。それは、一つ一つの技術に対して賢明な倫理的判断を確立させる余裕を人類に与えないほどです。その結果、社会や人間の精神に、さまざまなひずみが生じてしまっているのではないでしょうか。

たとえば、医療技術の進歩は、生について死について、今までにない新たな倫理的判断を人類に迫ることとなりました。それまでは不治とされていたいくつもの病が克服され、平均寿命が飛躍的に延び、多くの人がより長く地上の生を過ごすことができるようになったのは歓迎すべきことです。しかし、生命の始まりと終わり、その根幹に人の手が及ぶような技術の進展の裏には、不遜にも神の領域にまで介入しようとする人間の傲慢さと、いのちの神聖さを侵すかもしれない危険性が見え隠れします。

テクノロジーの進歩は、多くの場合、いのちを危険にさらす、あるいはその尊厳を傷つける側面も併せもっているのだという自覚を、人類は持つ必要があります。科学技術に対する過信に陥りがちな現代社会の中で、こうした危惧の念を表明するという信仰者ならではの責任も、わたしたちは感じています。

地球規模に拡大する諸問題

5　二十世紀は、技術革命、経済成長の負の結果としての、公害の世紀でもありました。公害問題については、反省と改善が見られないわけではありません。半世紀前には異臭を放っていた都会の川に、今では多くの生き物が棲《す》めるようにもなりました。高度経済成長期に起きた深刻な公害問題を受けて規制は強化され、海も川も沼も湖も大気も、以前と比べれば美しさを取り戻しています。

しかしそれは、あくまでも日本国内、それもその一部だけを見てのことです。現在の環境問題は、一国のレベル、一地域のレベルで解決できるものではありません。日本のような先進国が豊かさを享受する陰で、多くの貧しい国が不当な不利益を被っています。有害物質が大気や土壌や水を著しく汚染している、劣悪な環境の中で暮らさざるをえない人たちがいます。地球規模での環境悪化について、先進国には率先して犠牲を払ってでも解決していくべき責務があります。しかし、温暖化などの改善に、わたしたちの国はどれだけの役割を果たしているでしょうか。将来の世代に美しい地球を引き渡すために、どれだけ力を注いでいるでしょうか。海面上昇などの問題で真っ先に損害を被るのは、つねに貧しい人であり、それは彼らが、富裕国の人々の豊かさの犠牲となっていることに他ならないのだということを、わたしたち一人ひとりは、どれだけ真剣に受け止めているでしょうか。

また、二〇一一年に発生した福島第一原子力発電所事故は、人類が歩むべき道をあらためて見定めるよう、わたしたちを強く促しました。いったん起きてしまった事故が、いかに多くの人間のいのちを傷つけることになるかをわたしたちは知りました。また、ウランの採掘から放射性廃棄物の処理に至るまで、原子力発電は多くの人の犠牲がなければ成り立たないことも明らかです。この原発の問題にも、いのちの問題として向き合わなければなりません。

今やあらゆる問題は複雑に絡み合い、国境を越え、地球規模となっています。このメッセージで述べることとは、ごく小さな提言でしかないかもしれません。しかし、神から与えられたすべてのいのちを尊重するという視点をもって、さまざまな問題に対してできるかぎり誠実に向き合っていきたい、これがわたしたち日本の司教団の思いなのです。

こうした思いから今あらためて、わたしたちはこのメッセージを同じ国に住む人々に、また同じ地球の上に生きるすべての人に送ります。

第一章　聖書からのメッセージ

生まれたばかりの幼子の中に輝くいのち・神のたまもの

6　今日もまた、世界のどこかで、そしてわたしたちの身近なところで、多くのいのちが産声を上げています。母親の腕の中に包まれてすやすやと安らぐ小さないのち。いのちの神秘について認識を新たにしていくためには、欲望が支配し、それぞれの利害関係がぶつかり合って、ささいなことで互いのいのちを無視したり、傷つけたり、踏みにじったりしてしまう現実から身を離して、わたしたち自身を、誕生したばかりの幼子の前に置いてみることは大事なことかもしれません。

生まれたばかりの幼子の前では、単純さが支配し、いのちの尊さとその神秘について、人は皆、それぞれの立場を忘れ、理屈なしに共感し合います。なぜなら、裸の幼子は、身分や地位や権力とは無縁だからです。その前では、だれもが素直になり、無防備となって、やさしい柔らかな心に立ち戻ることができるからです。

また、幼子を前にするとき、両親をはじめだれもが、素直に、子どもは天からの贈り物、神のたまものという思いに浸ります。それは、男女の愛の結晶として生まれた子どもであろうと、どんな複雑な事情のもとに生まれた子どもであろうと、違いはありません。皆同じように、人間を超えた偉大な存在によって恵まれたものであるという素朴な実感に浸ります。

神が人間を創造し、祝福した

7　だれもが抱くこの素直な実感を裏づけるかのように、聖書は、すべてのいのちは、神の創造によるものであり、神の特別な愛のたまものであると宣言しています。

神は天地創造の前からわたしたちを愛し、選ばれた。（エフェソ1・4参照）

神はご自分にかたどって人を創造された。（創世記1・27）

いのちは、神のわざであり、神のたまものです。これは、わたしたちカトリック教会の揺らぐことのない確信です。わたしたちは、ここに、人間のいのちの尊さについての絶対的な根拠があると信じています。人間が安易にいのちの分野に介入すべきではないと、わたしたちが強く訴える根拠もここにあります。どんな人であろうと、すべての人を軽んじてはならないという根拠もここにあります。

わたしたちは、さらにここで、神が人間を創造した後すぐさま「人間を祝福した」（創世記1・28参照）と、聖書が記している事実も強調したいと思います。そこに、人間に対する神の心が示されていると思うからです。

わたしたちは、身近な人が入学したとき、結婚したとき、就職したときなどに、それを祝福します。祝福とは、相手が望ましい何かを獲得したときに、それを一緒になって喜ぶ心を表します。と同時に、獲得した新しい可能性が開花していくことを願う祈りも込められています。聖書は、創造された人間を神が祝福したということをもって、神が人間の誕生を心から喜んでいると同時に、その与えられた可能性が開花していくことも望んでおられることを明らかにしているのです。

神の手に導かれ支えられて

8　事実、聖書は随所で、神がどんなに人間を大切にしているか、そしてその人生を支えるために、どのように配慮し、働きかけているかを明らかにしています。

あなたがたの髪の毛までも一本残らず数えられている。だから、恐れるな。あなたがたは、たくさんの雀《すずめ》よりもはるかにまさっている。（マタイ10・30—31）

これらの小さな者が一人でも滅びることは、あなたがたの天の父のみ心ではない。（マタイ18・14）

自分のいのちのことで何を食べようか何を飲もうかと、また自分のからだのことで何を着ようかと思い悩むな。いのちは食べ物よりも大切であり、からだは衣服よりも大切ではないか。……あなたがたの天の父は、これらのものがみなあなたがたに必要なことをご存じである。何よりもまず、神の国と神の義を求めなさい。（マタイ6・25、32—33）

永遠の神が人間の誕生を喜び、その人生が幸せになることを願い、そのために働き続けていてくださるということ、この事実ほど人間にとって心強いことがあるでしょうか。それは、どんな厳しい状況になっても、あきらめず、絶望もせずに生きていくための、確かな希望を与えてくれます。

神の創造のわざへの協力としての男女の営み

9　さらに、聖書は「産めよ、増えよ、地に満ちよ」（創世記1・28参照）と、人間を創造した神の意図を伝えます。これは、すべてのいのちが神の手になるものであることを前提にしながら、同時に人間の創造が、男と女の愛の交わりを通して実現されることを明らかにするものです。それは、男女の営みが神の創造のわざへの参与であることを示すものです。「神なくして人間の誕生はありえない」ということも真理であれば、また、「男女の交わりなくして人間の誕生はありえない」ということも、軽視することのできない真理です。

人間の誕生は、実に神の営みであると同時に、男女の愛の営みによるものでもあるということです。この視点に立てば、ここに、無責任な男女の性の営みに対する警告と、人間の思いを先行させ、いのちの誕生に関して、神の分野にまで安易に介入していくことに対する警告を読み取ることができます。

人は独りでは生きられない

10　また聖書は、人間は、自分独りの力だけでは成長することも、秘められた可能性を豊かに開花させることもできないことを、「人が独りでいるのはよくない」（創世記2・18）ということばで表現します。聖書は、人間が神に依存するものであることを明確にしながら、生きていくため、成長していくため、その人生を豊かにするために、他の人間との出会いが必要であることを明らかにします。この人間の根源的な必要にこたえようと、神は「彼にふさわしい助け手を与えよう」（創世記2・18参照）とします。(1)

「ふさわしい助け手」を与えられた人間に聖書は、「これこそ、わたしの骨の骨、肉の肉」（創世記2・23参照）と、その喜びと感動を語らせています。これは、人生の伴侶《はんりょ》を見いだした喜びです。この喜びと感動は、結婚のきずなによって永続的に深められます。「ふさわしい」伴侶を見いだしたすぐ後に、聖書は「こういうわけで、男は父母を離れて女と結ばれ、二人は一体となる」（創世記2・24）と記しています。

二人のこの「一体性」は、一人ひとりのエゴイズムと経済優先社会の多忙なリズムと効率重視の分業意識によって、たえず脅かされ、損なわれてきました。二人を分け隔て、裂こうとする社会のあらゆる傾向や力に対して、ともに逆らって進もうと決意する――。そのためにも二人の「一体性」が必要であり、またその深まりを祈り求めなければなりません。この夫と妻の強いきずなと結束が、やがて誕生する新たないのちを迎え入れ、愛し愛されることの豊かさを実現する、家庭生活の安定した最初の出発点となるのです。

(1)　「ふさわしい助け手」は、聖書の原文では「ケネグドー・エーゼル」となっています。「助け手＝エーゼル」とは、互いに補い合い、助け合うことを意味しています。富む人、能力のある人、経験のある人などが、それぞれに与えられた能力や経験をもって他の人を支え、助け、奉仕する、それが「エーゼル」です。幼い子どもを支える親、子どもたちに教える教師、病人をいやす医者、年老いた人を介護するヘルパー、貧しい人々に奉仕する人、こうした人はすべて、それぞれの相手に対し、「エーゼル」としての役割を果たしていることになります。この助け合いは、技術文明が高度に発達し、仕事も細分化した社会にあっては、ますます必要なことになっていきます。

しかし、人間は役割分担による助けや支えだけで、満たされるものではありません。人間には交わりに対する深い飢え渇きがあります。それにこたえる存在が「ふさわしい＝ケネグドー」助け手です。「ふさわしい」と訳された原文の「ケネグドー」には、「同じ平面に立って、顔と顔とを向き合わせて」という意味があります。それは、人間として向き合うことのできる相手という意味です。能力や地位、身分、性の違いを超えて、互いに人間として裸になって向き合うことのできる相手ということです。わたしたち人間が、心の傷をいやし、その緊張を解き、安らぎ、満たされ、生きていることの喜びを心の底から実感することができるのは、互いに相手を「ケネグドー」として見いだし、向き合い、寄り添い合い、解け合うことによってです。

愛がもたらすいのち

11　聖書が、人間の生と死を、生物学的なレベルだけでは捉えていないことを、さらにここで強調したいと思います。

わたしたちは、自分が死からいのちへと移ったことを知っています。兄弟を愛しているからです。愛することのない者は、死にとどまったままです。

（一ヨハネ3・14）

「愛する」とは、互いに人間として向き合い、かけがえのない存在として交わり、互いの幸せのために奉仕し合うことを意味します。「愛さない」とは、周りの人の存在を無視し、自分のこと、自分の欲望しか考えない、エゴイスティックな生き方を示しています。「愛さないものは死の中にとどまっている」という「死」は、明らかに、欲望に導かれて生きる人間の精神的な死を意味しています。

天使たちの異言を語ろうとも、愛がなければ、わたしは騒がしいどら、やかましいシンバル。たとえ、預言するたまものをもち、あらゆる神秘とあらゆる知識に通じていようとも、たとえ、山を動かすほどの完全な信仰をもっていようとも、愛がなければ、無に等しい。全財産を貧しい人々のために使い尽くそうとも、誇ろうとしてわが身を死に引き渡そうとも、愛がなければ、わたしに何の益もない。

（一コリント13・1—3）

これは、パウロがコリントの教会にあてた手紙の一節です。彼は、どのような学問を身に着けようが、どのような社会的な業績を残そうが、そしてまた、外見上はどんなにすばらしい奉仕活動をしているように見えようが、愛がなければ、すべてはむなしいと語るのです。愛がなければ、人生は不毛に終わるのです。

実に、愛がなければ、精神が枯渇するだけでなく、人と人とのつながりも崩れていきます。愛ほど大事なものはありません。学歴、社会的な地位、業績等、能力を中心にして人間を評価してきた日本社会が、活力を失い、重苦しい喜びのない状態になってしまったのも、愛を見失ってしまっているからです。こうした日本社会を再生するため、また家庭、学校、社会を救うため、そして何よりも一人ひとりの人生を輝かすため、愛の火を燃え上がらせなければなりません。愛こそ最高の価値であるという価値観を育てていくことが必要であると、わたしたちは考えます。

永遠のいのち

12　「朽ちる食べ物のためではなく、いつまでもなくならないで、永遠のいのちに至る食べ物のために働きなさい」(ヨハネ6・27)。聖書のこのことばは、人間の中に永遠の神への希求があり、それが満たされなければ、真のいのちの充足はないことを指摘します。人間のいのちは、神との交わりによって完成するのです。それは、わたしたちの社会が完全に見失っている大事な光です。

何のために生きるのかという、人間にとってもっとも根源的な問いを無視して、「朽ちる食べ物」、つまり経済の発展を最優先して走り続けてきた日本社会の至るところで、ひずみが見られるようになったのも当然のことです。それは、「朽ちる食べ物」ということばで表現される現世的価値を最優先して、魂を満たし、心を充実させるものを無視して走り続けてきた「つけ」ともいえます。キリストのことばは、再生のための道を示します。

「永遠のいのちに至る食べ物のために働く」。それは、自分勝手な欲望に支配され、目先の幸せに走りがちなわたしたち人間にとっては非常に難しいことです。その難しさを十分に承知のうえで、キリストは弟子たちを励まします。キリストは、永遠のいのちを得るためにはどうしたらよいかと問う青年に、財産の放棄を勧め、財産を放棄するものには、百倍もの報いがあると教えます（マタイ19・16―30参照）。富や財産への執着を断つことは、わたしたちにとって非常に難しいことですが、難しいからといってそこにとどまることは、わたしたちの救いにはなりません。人生はチャレンジです。たとえどんなに苦しくとも、それを断ち切っていくことによって、人生は輝いていきます。自分の欲望の充足を求めるだけでは、人間は死んでしまいます。物質的な豊かさを中心にした生き方を反省し、神にまなざしを上げ、神とのかかわりを最優先にしつつ日々の生活を営んでいくことが、わたしたちの人生の、そして日本社会の再生の鍵となります。

人間に課せられた責任

13「神は、人間をご自分のかたどりとして造られた」（創世記1・27参照）という聖書のことばにも注目したいと思います。ここには、環境汚染等、破壊されていく地球に対する人間の責任を訴えるメッセージが込められています。

旧約聖書の時代、中近東の王たちには、自分たちの権力支配の及ぶところに、自分のかたどりとしての像を置く慣習があったようです。置かれた像は、王の支配がその地域にまで及ぶものであることを宣言しようとする意図を表していたといわれます。

この解釈に立てば、造られたばかりの大地に神の像として人間を置くということは、神の支配が人間を通して大地に及ぶという意味になります。つまり、大地の秩序と調和に対して責任を担うものとして、人間に大事な役割が与えられたということになります。

しかし、歴史を振り返るとき、人間はその責任を果たせずにいたことを、正直に認めざるをえません。聖書は、アダムとエバ、そしてその子どもたちの生涯の物語を通して、この世界の荒廃が、人間からくるものであることを示します。アダムとエバが、神から目をそらし、自らの欲望に引きずられて禁断の木の実を求めてしまったために、楽園から茨《いばら》とあざみの生い茂る大地に追放されたという物語は、秩序と調和に満ちた世界の喪失が人間の生き方のゆがみからくるものであることを明らかにします。地球環境の汚染は、わたしたち人間の生き方を問うものです。いのちに対してやさしい地球を守り育てていくためにも、わたしたち人間に課せられた責任を思い起こし、今わたしたちに、わたしたちの生きる姿勢を真剣に問い直していくことが求められているように思えます。

十字架から復活へ

14　聖書は、きれいごとを語り、それを人間に求めているのではないことも、ここで明らかにしたいと思います。聖書は、この世界の現実が人間にとって過酷なものであること、この世界には、傷つけられたり、踏みにじられたり、押しつぶされたりする人々の悲痛な叫びが充満していることを、知っています。

乳飲《ちの》み子の舌は渇いて上顎《あご》につき、
幼子はパンを求めるが、分け与える者もいない。
（哀歌４・４）

飢えは熱病をもたらし
皮膚は炉《ろ》のように焼けただれている。

人妻はシオンで犯され
おとめはユダの町々で犯されている。
君侯《くんこう》は敵の手で吊《つ》り刑にされ
長老も敬われない。
若者は挽《ひ》き臼《うす》を負わされ
子どもは薪《たきぎ》を負わされてよろめく。
長老は町の門の集いから姿を消し
若者の音楽は絶えた。
わたしたちの心は楽しむことを忘れ
踊りは喪《も》の嘆きに変わった。
（哀歌５・10—15）

ここに引用した聖書の箇所は、バビロンの捕囚を体験した時代の人々の姿を伝えるものです。しかしその描写は、いまだこの世界で絶えることのない、戦争、内乱、紛争などで見られる人間の悲しい姿そのものです。

イエス・キリストも、罪と暴力の犠牲となりました。キリストは、今日に至るまで暴力の犠牲者と連帯する神の姿です。聖書は教えます。「（イエスは）あらゆる点において、わたしたちと同様に試練に遭われた」（ヘブライ4・15）、「（イエスは）ご自身、試練を受けて苦しまれたからこそ、試練を受けている人たちを助けることがおできになるのです」（同2・18）。ここには人類の苦しみに対するキリストの連帯の神秘があります。

と同時に、聖書のメッセージは、ただの苦しみと死で終わるものではありません。受難の後に復活したキリストの歩みは、苦しみが苦しみで、死が死で終わるものではないことをわたしたちに伝えています。

キリストは死者の中から復活し、眠りについた人たちの初穂となられました。

（一コリント15・20）

キリストの復活は、不条理で悪に満ちたこの世界の現実も、あきらめと絶望につながるのではなく、復活につながるものであるという確信を人類に与えました。どんなにひどい状況に追い込まれようとも、どんなに深い闇に囲まれようとも、そしてまた、どんなに恐ろしい死の恐怖に襲われようとも、それを超える希望を見いだすことができるようになったのです。

死は勝利にのみ込まれた。

死よ、お前の勝利はどこにあるのか。
死よ、お前のとげはどこにあるのか。
（一コリント15・55）

キリストの復活を知らされたパウロは、死に対するいのちの勝利の喜びを、このように歌いました。この賛歌に加わるための道は、キリストと同じように、心を尽くし、魂を尽くし、力を尽くして、神と人とを愛していく愛の道です。

第二章　人生の歩みの中で

一　いのち――誕生から成長

現代の家族の姿

15　わたしたち人間のほとんどは、家族の中に生まれ、家族の中で育ちます。家族は、いのちを包み、はぐくみ、支え、導く、愛であり力です。そこで人は、自分がかけがえのない大事な存在であることを確認すると同時に、愛する人のために生きるという生きがいを見いだします。教会は、愛がはぐくまれる場として、家庭の大切さを強調してきました。家庭が代わるもののない貴重なものであることは疑いようがありません。しかし、家庭を特定のかたちのみで考えるならば、そのような場を得ることのできない人を無視し、排除してしまうことにもつながりかねません。

さまざまな事情から、家族の中で育つことのできなかった子どもたちがいます。また、子どもを望んでも授かることのない夫婦もいます。

かつての日本には、三世代同居が当たり前という時代がありました。しかし現在、日本でもっとも多いのは単独世帯です。二〇一五年の国勢調査では、単独世帯三二・六パーセント、夫婦のみの世帯二〇・一パーセント、夫婦と子どもからなる世帯二八・一パーセント、ひとり親と子どもからなる世帯九・二パーセントとなっています。なかでも高齢単独世帯は急増しており、六十五歳以上人口の一六・八パーセントが単独世帯で、二〇〇〇年と比較すると、その実数は一・八五倍に増加しています。そうした中で、孤立してしまうお年寄りも少なくありません。

時代とともに家族の姿は変わってきています。現代においてはこのような状況の中で、いのちは始まり、また終わりを迎えているのです。

1　誕生

創造のわざの結果であるいのち

16　すべての人間のいのちは、神の創造のわざの結果です。したがって、あらゆるいのちは神聖であり、尊厳をもたないいのちはありません。何者も排除されることがあってはなりません。

「人のいのちはどんなことがあっても受精の瞬間から尊重され、保護されなければなりません」(2)

(2)『カトリック教会のカテキズム』2270。

脅かされる幼いいのち

17　しかし、現実の社会を見てみると、いのちはさまざまな試練や困難にたびたび直面します。そして、胎児や、生まれ出たばかりの幼いいのちには、特別な危険や困難が存在します。

医療技術が未発達であった時代には、出産自体に多くの危険や困難がありました。今でも開発途上国では、妊娠、出産において母体や胎児がいのちの危険にさらされる例が数多くあります。一方、日本では、乳幼児の死亡率は非常に低くなりました。体重一千グラム未満の超低出生体重児として生まれてきても、すくすくと育っていく赤ちゃんは大勢います。

しかし、そんな時代にあってもなお、危機にさらされる幼いいのちがあります。

貧困や知識不足などから、妊婦健康診査(3)を一度も受けていない未受診妊婦が少なからず存在することが社会問題となっています。未受診妊婦の状態が急変した際には、搬送先の病院がすぐには見つからず、生まれ出ようとしているいのちが危険にさらされることもまれではありません。

また、思わぬ妊娠をしてしまった女性が、だれにも相談できないまま、周囲にその事実を隠して臨月を迎え、産み落とされた直後に赤ちゃんが遺棄されるといった悲惨な事件もたびたび報道されます。

（3）　市区町村が実施主体である、妊婦の健康管理や流産の防止などのために出産までの間に定期的に行われる健康診査。

幼いいのちを守る取り組み

18　このような状況を受け、二〇〇七年、熊本市の慈恵病院に、「こうのとりのゆりかご（通称・赤ちゃんポスト）」が設置され、八年の間に百人を超える子どもたちが預けられました。「ゆりかご」と並行して、同病院は多くの妊娠相談を受け、その活動によってもたくさんのいのちが守られてきています。そのような活動が全国に広がっていくことが望まれます。

こうして助かったいのちには、はぐくまれる場が与えられなければなりません。欧米では、施設に預けられた子どもたちを養子として迎えようとする家庭が少なくないようです。しかし日本では、血縁が重視される傾向が強く、養子縁組がなかなか広がりません。血のつながりはなくとも、愛によってしっかりと結ばれた家族が確かにあるのですが、日本で法律上夫婦の実子となる特別養子縁組(4)を望む人には、厳しい条件や複雑な手続きが、大きな壁となって立ちはだかっています。特別養子縁組によって子どもが家庭に迎えられるのは、年間四〇〇件程度です。当然、縁組は慎重に進められるべきですが、毎年三千人以上の赤ちゃんが施設に預けられている現状から見れば、これはごく少数であるといわざるをえません。

新しいいのちは、無条件に愛され、祝福されて、はぐくまれていくべきものです。生まれてきた尊いいのちが、本人以外の人間の都合によって、危険にさらされてしまうことはあってはなりません。新たないのちは、すべて等しく幸せであるべきなのです。

（4）通常の養子縁組とは異なり、成立すれば養親の実子として戸籍に記載され、実親との親子関係はなくなります。

2　成長していく歩みの中で

虐待、ネグレクト

19　子どもが成長していく姿は、周囲の人に喜びを与えます。とくに親にとって子どもの成長を見守ることは生きがいであり、未来への希望で満たされる体験です。

ただ、子育てには幾多の困難があることも事実です。親が精神的に追い詰められてしまうことも、まれではありません。そして、実に不幸なことですが、そのようなことが子どもに対する虐待やネグレクトといった事象となって表れる場合があります。

子どもへの虐待の中でも、乳幼児期における虐待がもっとも多いといわれています。とくに母親は、授乳のために睡眠時間が削られることなどで肉体的に疲労し、さらに、核家族が当たり前である現在の家族形態の中で、子育てについて相談できる相手を見いだせず、不安と悩みを抱え込んだまま孤立してしまい、ノイローゼ状態となって子どもに暴力を振るってしまうといったケースが多々あるようです。

厚生労働省が発表した二〇一五年の速報値によれば、児童相談所での児童虐待相談対応件数は一〇三、二六〇件で、前年より一四、三二九件増えています。同省が分析するおもな増加の要因として、心理的虐待が増加したことが挙げられています。虐待やネグレクトが最終的に子どもの死に至る悲惨なケースもあります。しかし、たとえ死には至らなかったとしても、虐待を受けた子どもの心の中には、簡単には癒《い》えることのない傷が一生残ります。

二〇一〇年に大阪市で、三歳の女児と一歳九か月の男児が餓死した状態でマンションの一室から発見されるという事件が起きました。食事すら与えず子どもを放置していた二十三歳のシングルマザーが殺人容疑で逮捕されましたが、この女性が風俗店で働いていたこと、また恋人と遊び歩く姿を自らＳＮＳ（ソーシャル・ネットワーキング・サービス）に投稿していたことなどがセンセーショナルに報道され、衝撃的な事件として世間をにぎわせました。その多くはあまりにも非道な母親に対する非難でしたが、事件の検証が進められるうちに、彼女が子育てにおける支援を得られなかったこと、小さいいのちを抱えて生きる中で人知れず孤立し、苦悩していたこと、児童相談所への通報が生かせなかったことなどもまた明らかになってきました。彼女の犯した行為は、決して正当化できるものではありません。しかし、この事件を契機として、児童虐待の通報義務が強化されたり、子どもの貧困に対するアクショングループが組織されたりするなど、困難な状況で子どもを育てることについて、あらためて社会全体で考え直されることともなりました。

子どもの貧困

20　現在、日本の子どもの六人に一人が貧困状態にあります。日本の子どもの相対的貧困率は一六・三パーセントに上っています。[5]これは先進四一か国中、下から十四番目の水準です。またユニセフは、「相対的所得ギャップ」と呼ばれる、相対的貧困率とは異なる数値も公表しています。[6]これは貧しい家庭の所得が中流家庭の所得に対してどの程度少ないかの指数です。日本のこの相対的所得ギャップは、六〇・二一パーセントであると報告されています。これは先進四一か国の中で下から数えて八番目のひどい格差です。[7]すなわち「日本は底辺にいる子どもの格差が大きい国」なのです。このような深刻な格差は「貧困の深さ」とも呼ばれていますが、それはじわじわと拡大しているといわれています。他の先進国と比べても、日本における貧困は実に根の深いものなのです。

日本の子どもの貧困の背景には、社会状況の変化による保護者の就業の不安定化や所得の減少、ひとり親世帯の増加などがあります。

親の収入が乏しいため、成長するための満足な食事が取れない、病院にかかることを抑制してしまう、進学を断念する……といった物質的な貧困がこの日本にもあるのです。

貧困は子どものいのちと心の成長を脅かします。「大阪子ども調査[8]」によれば、子どもの貧困における最大の問題は「自己肯定感の喪失」です。この調査において、中学二年生に「自分は価値のある人間だと思いますか?」とたずねたところ、貧困層では二五パーセントが「そう思わない」と答えました。同様の回答は、非貧困層では一七パーセントにとどまっています。「自分は友達に好かれている」「孤独を感じることはない」「自分の将来が楽しみだ」「毎日が楽しい」といった、自己肯定感に対する他の質問でも、これほどの顕著な開きはなくとも、いずれも貧困層の子どもたちのほうがより多く「そう思わない」と回答しています。家庭の経済的な苦しさが、身体の成長ばかりでなく、子どもの精神や内的成長にも暗い影を落としていることが理解できます。

（5）内閣府『子ども・若者白書』二〇一五年による二〇一二年の調査結果。「相対的貧困率」とは、世帯所得をもとに、子どもも含め国民一人あたりの可処分所得を算出し、それを低い順に並べた際の中央値の五〇パーセントを下回る所得（貧困線）しか得ていない人の割合。厚生労働省による二〇一三年の「国民生活基礎調査」においては、この貧困線は一二二万円と算出されています。

（6）『イノチェンティレポートカード13――子どものための公平性：先進諸国における子どもたちの幸福度の格差に関する順位表』二〇一六年四月。「所得階層の下から一〇パーセント目の子どもが属する世帯の世帯所得を、中位（ちょうど真ん中）の世帯所得の子どもたちに比べ、その差を中央値の割合として示した指標」が「相対的所得ギャップ」と呼ばれるものです（阿部彩、同報告書解説）。

（7）日本より下位なのは、イタリア、スペイン、イスラエル、ギリシャ、メキシコ、ブルガリア、ルーマニアです。ちなみに三四位の日本に対し、アメリカは三〇位です。

（8）阿部彩（国立社会保障・人口問題研究所）、埋橋孝文（同志社大学社会学部）、矢野裕俊（武庫川女子大学文学部）によって行われた、大阪市内の公立小学校五一校の小学五年生、公立中学校三一校の中学二年生およびその保護者を対象とした調査。

子どもと学校

21　子どもは家庭から、やがて外の世界へと飛び立っていきます。その初めの一歩となるのは保育所や幼稚園、そして学校です。子どもにとって学校は、初めて接する「社会」です。親や兄弟姉妹、親戚といった、ごく限られた人間関係の中にいた子どもたちは、学校で友達や先生といった他者と出会い、関係を築いていきます。仲間を作り、友情をはぐくむことが、すなわち成長となります。他者に対する思いやりや協調性といった、社会で生きていくために必要な基礎を身に着けていくのです。

学校で子どもたちは、勉強に励んだり、部活動に熱中したりすることで、自分の興味や関心が明確になり、将来進むべき道が見えてくることもあるでしょう。また、生涯付き合えるような親友と出会うかもしれません。

子どもたちは学校での成長を経て、やがては真の社会へと羽ばたいていきます。そのためにも、教育現場には、子どもたちが孤立することなく、一人ひとりの個性が大切にされるような環境が求められます。学校も家庭も、子どもたちにとって、ありのままの自分をそのままに受け止めてもらえる、安定した居場所でなければなりません。

苦しむ子どもたち

22　学校はさまざまな人がともに過ごす場であるために、すべての人にとって望ましい場であるとは限りません。教室に入れず、毎日保健室で学習している子どもがいます。学校になじめず、不登校になる子どももいます。いじめに遭い、学校に通うこと自体にいのちの危険や恐怖を感じるといったケースもあります。不登校やいじめが社会問題となって久しくはありますが、いまだ大勢の子どもが、こうした問題で苦しんでいます。その結果、長期にわたって自宅に引きこもってしまう人も多くなっています。

苦しみの果てに自殺に追い込まれるケースもあります。内閣府の『自殺対策白書』(二〇一五年)によると、二〇一四年には八六六人の学生・生徒が自らいのちを絶っています。またこの白書では、十八歳以下については「四月上旬や九月一日など、学校の長期休業明け直後に自殺が増える傾向がある」ことがグラフによって明確に示されています。新学期が始まり、学校に戻らなければならないことに絶望し、自らいのちを絶つ――。本人が「助けて」と声を上げることもできず、周囲もその苦しみに気づいてあげられずに、尊いいのちが失われる現実があるのです。

いのちはかけがえのないものです。学校に行くことがつらいならば、無理に行かなくてもいいのです。自殺に追い込まれてしまうくらいなら、頑張らなくても、我慢しなくてもいいのです。しかし、自ら死を選ぶ子どもたちは、親を心配させたくない、悲しませたくないと考え、苦しみを訴えることなく、たった一人で抱え込み、耐えてしまいます。そしてその果てに、苦しみから解放されたい、楽になりたいと考え、死を望むようになってしまうのです。

さらに当然ながら、クラスメイトの高い進学率は、彼らにとってプレッシャーとなります。学校から脱落してしまったら、もう自分の将来は成り立たない――。そうした考えが、危険から逃れることを弱さゆえの単なる逃避だと思わせ、苦しい状況に本人をとどまらせてしまうこともあります。

子どもだけでなく親も、成績がよくなければ、仲間とうまくやっていかなければといったプレッシャーの中でもがき苦しんでいます。一度レールから外れてしまえば戻ることは難しい、そんな日本社会の特質が、子どもたちを生きづらくさせているのではないでしょうか。

3　性の目覚め

人間の営み全体にかかわる性

23　やがて思春期を迎え、身体にも変化が現れると、子どもたちは男女ともに性を意識するようになります。性を意識することは、恥ずかしいという気持ちを伴います。内からわいてくる力の強さにとまどったり、扱いかねたり、不安に思ったりして、さまざまに悩みます。しかしそれは、愛する力、他者に向かい交わるための大きな力であって、愛されることへの望みの表れでもあります。性はいのちを生み出す力なのです。

人間は、その誕生の瞬間から性を有しています。聖書の世界は、人間を「男と女に創造された」（創世記1・27）ものと見て、性を、最初から神の祝福のもとに捉えています。それは、性を生殖から切り離すのでも、また生殖との関連においてのみ評価するのでもありません。性を人間の営み全体にかかわるものとして理解しているのです。「二人は一体となる」（創世記2・24）と表現される性の交わりを通して男女は愛を確かめ合い、深め合っていきます。こうして強く結ばれた男女は互いに協力して、厳しい人生の試練に立ち向かう勇気を得ることができるのです。

氾濫する性情報

24　思春期にある青少年が性に対して関心をもつことは、ごく自然で健康的なことです。

しかし現代社会には、性に関する情報が過剰なまでにあふれています。とくに、インターネットによる情報収集がごく一般的になったことで、成長の諸段階に関係なく、そうした情報に無制限にアクセスできるようになっています。しかも、そうした情報の多くは、残念ながら性を快楽の面だけで捉える自己本位なものです。人格の尊厳、とくに女性の尊厳を無視するような情報は、青少年に著しい悪影響をもたらします。

人間をモノとして扱い、男女が「相互を親密に与え合う行為を歪曲《わいきょく》するもの」[9]がポルノグラフィであり、それは人間の尊厳を大いにおとしめるものです。雑誌やビデオといった媒体でしか目にすることのなかった時代に比べ、インターネットの普及した現代社会では、ポルノグラフィへのアクセスが、たいへん容易なこととなってしまいました。

フィルタリング機能などの活用によって、保護者が子どものインターネット閲覧に制限を加えて管理することは、犯罪被害の防止にもなる非常に重要なことですが、それだけで、すべての問題が解決されるわけではありません。思春期の青少年に対して、性に関する正しい知識と情報を与え、新しいいのちへとつながる性を真に尊いものと思えるような価値観を育てていくことが、大人にとっての大きな責任です。

（9）『カトリック教会のカテキズム』2354。

性の商品化と暴力

25　売買春もまた、人間の尊厳を傷つけるものであることはいうまでもありません。人間は人格的な存在です。たとえ合意に基づいていたとしても、性を金銭で取引する行為は正当化されません。それは人間を商品におとしめることだからです。しかし悲しいことに、あらゆる社会に売買春は存在しています。

売買春の犠牲になるのは、多くの場合、女性や子どもです。巧みなことばで少女が性産業に誘い込まれ、自分でも気づかないうちに大人たちに利用されているといった例が後を絶ちません。狡猾《こうかつ》な大人たちは、至るところに罠《わな》をはりめぐらせています。ひとたび性的搾取の餌食《えじき》となれば、それは心にいやしがたい深い傷を負わせるのです。

いのちの誕生に向けた責任

26　性の交わりは、夫と妻の親密な愛の表現であると同時に、次の世代を生みだす行為です。したがって、その本質上、新たないのちの誕生についての責任を引き受けることが含まれています。(10)そこでは神がつねに働かれていることを、忘れてはならないのです。ここで、第一章で指摘した真理をあらためて確認したいと思います。つまり「神なくして人間の誕生はありえない」と同時に「男女の交わりなくして人間の誕生はありえない」という真理です。

いのちの誕生が、神の創造のわざであるという視点に立つとき、わたしたちは、いのちの誕生における夫婦の恣意《しい》的な操作を安易に肯定する現代の風潮に深い危惧《きぐ》を抱きます。「避妊を容認するメンタリティ」(11)を受け入れる人々の中に、自己あるいは人間を中心にした過ちを指摘せざるをえません。人類の営みの主であるのは、わたしたち人間ではなく、超越した神であるという世界観を、強く訴えたいと思います。

しかしまた、その対極にある「子どもは多ければ多いほどよい」といった姿勢も、わたしたちは責任ある選択とは考えません。[12]これは、最近の教皇たちが強調してきたことでもあります。生まれてこようとする子どものために、夫と妻が今の状況で愛のきずなを深めながら責任をもって育成することができるか、育児体制、教育の問題、経済的および環境的な状況などを十分に考慮し、神の前で祈り、熟慮したうえで、責任ある選択をしなければなりません。[13]

ただし、少子高齢化が進む現代社会にあって、教皇フランシスコが「子どもをとりわけ心配の種、負担、リスクとみなし、子どもの数を望まないような、出生率の低い社会は、活気のない社会」[14]であると述べていることもまた、真剣に受け止めるべきではないでしょうか。

また、いのちの誕生は、神のみ心に属することであると同時に、二人の男女の良心的な決断によるものですから、この分野で、夫婦にゆだねるべき選択と決断に国家機関などが介入することがあってはならない、とわたしたちは訴えます。[15]

(10) 教皇庁教理省『生命のはじまりに関する教書――人間の生命のはじまりに対する尊重と生殖過程の尊厳に関する現代のいくつかの疑問に答えて（一九八七年二月二十二日）』(*Donum vitae*) 第二章I、教皇パウロ六世回勅『フマーネ・ヴィテ――適正な産児の調整について(一九六八年七月二十五日)』8 (*Humane vitae*)、教皇ヨハネ・パウロ二世回勅『いのちの福音（一九九五年三月二十五日）』23（*Evangelium vitae*）参照。

(11) 教皇ヨハネ・パウロ二世回勅『いのちの福音』13。

(12) 教皇パウロ六世回勅『フマーネ・ヴィテ』18、教皇ヨハネ・パウロ二世回勅『いのちの福音』97参照。

(13) 『家庭の権利に関する憲章（一九八三年十月二十二日）』（この文書の翻訳は、教皇ヨハネ・パウロ二世使徒的勧告『家庭――愛といのちのきずな』のペトロ文庫版に所収）、教皇庁教理省『生命のはじまりに関する教書』序文三参照。
（14）「一般謁見講話（二〇一五年二月十一日）」（『家族――教皇講話集』［ペトロ文庫］所収）。
（15）『家庭の権利に関する憲章』、教皇ヨハネ・パウロ二世回勅『いのちの福音』91参照。

性的指向の多様性

27　イエスはどんな人をも排除しませんでした。教会もこのイエスの姿勢に倣って歩もうとしています。性的指向のいかんにかかわらず、すべての人の尊厳が大切にされ、敬意をもって受け入れられるよう望みます。同性愛やバイセクシャル、トランスジェンダーの人たちに対して、教会はこれまで厳しい目を向けてきました。[16] しかし今では、そうした人たちも、尊敬と思いやりをもって迎えられるべきであり、差別や暴力を受けることのないよう細心の注意を払っていくべきだと考えます。例外なく、すべての人が人生における神の望みを理解し実現するための必要な助けを得られるよう、教会は敬意をもってその人たちに同伴しなければなりません。[17] 結婚についての従来の教えを保持しつつも、性的指向の多様性に配慮する努力を続けていきます。

（16）『カトリック教会のカテキズム』2358、教皇フランシスコ使徒的勧告『愛のよろこび（二〇一六年三月十九日）』（*Amoris laetitia*）250―251参照。
（17）教皇フランシスコ使徒的勧告『愛のよろこび』250―251参照。

二　成人・結婚

1　就労と人間の尊厳

大人になる

28　大人になるまでの間、子どもは、親をはじめ多くの人の世話を受けながら生活します。世話をする人は、子どもの幸せを願い、愛情をもって具体的な生活の必要を満たし、心も身体も健やかに成長できるよう努めます。こうして、子どもは保護者を信頼し、彼らに従って生活することができるのです。

やがて、子どもは大人になります。成人した子どもは、自分の職業や活動を選択する権利と義務とをもつようになります。幸せな生涯を送るため、生活の必要を満たすために、仕事に就き経済基盤を確立します。さまざまな知識を蓄え、自分自身で判断し、どのような生き方を選択するかを真剣に考えることとなります。大人になった人間は、保護者との関係を保ちつつも、人生に対する責任を自ら果たしていくのです。(18)

(18)『カトリック教会のカテキズム』2214―2231参照。

就労の困難さ

29　人間にとって仕事とは、人生に対する責任を果たすために不可欠なものです。しかし現在の日本では、就労状況が深刻な事態を迎えています。その一つの表れとして、非正規雇用の極端な増加が挙げられます。二十五～三十四歳の男性就業者に占める非正規雇用の割合は、一九九二年の六・五パーセントから二〇一二年には一六・四パーセントにまで増加しています。平均年収は四〇二万円から三五〇万円へと減少、年収二〇〇万円未満のワーキングプアと呼ばれる人が、全体の一四・三パーセントにまで達しています。(19)

長年批判されてきた長時間労働の状況も、十分には改善されていません。仕事によって身体や心を壊してしまう人も増加しています。二〇一五年の傷病手当受給者のうち、二七・五一パーセントが「精神および行動の障害」を理由としたものでした。一九九五年にはこの比率が四・四五パーセントであったことからも、仕事が原因でうつ病など精神的な疾患に陥る人が急増していることが分かります。年代別に見るならば、十五～十九歳から四十五～四十九歳までの各年代では「精神および行動の障害」が受給理由のトップになっており、なかでも二十～二十四歳ではその割合が五〇パーセントを超えています。[20]

（19）　総務省「就業構造基本調査」二〇一二年。
（20）　全国健康保険協会「現金給付受給者状況調査」二〇一五年。

働くことの意味

30　働くことは生活の糧を得るための手段であると同時に、他者に奉仕し、己を生かし、生きがいを見いだす行為でもあります。仕事に就くとは、その人を必要とする場が社会にあるということです。そして、社会から必要とされるということは、一つの使命への神からの招きでもあり、人間の尊厳に欠くことのできないものです。そして労働には、人間の尊厳にふさわしい自由、可能性、正当な賃金などが保障されなければなりません。

しかし現在、経済至上主義的傾向から、いかに効率よく稼ぐかということばかりが重要視され、人間軽視の風潮が強まっているように感じられます。

聖書には、神が人間を創造しエデンの園に住まわせた際に、「人がそこを耕し、守るようにされた」（創世記2・15）と記されています。この短い記事は、労働が罪の罰としての苦役《くえき》ではなく、神の似姿として創造された人間による、神の創造のわざへの参与であることを示しています。神が世界を六日間で創造された後に安息されたように、人間も七日目を安息日として休むよう求められているのもそのためです。勤勉がたたえられ怠惰が戒《いまし》められるのは、労働の放棄は人間にとって、神の似姿であることの放棄につながるからです。労働は本来、神の創造のわざに協力し、世界をよりよいものに変えるためのよいものなのですが、人間の利己主義、搾《さく》取《しゅ》、暴力、不正、強制といった罪の影響を受けることで、意味を失い、単に苦痛にすぎないものにもなりかねません。

2　家庭を築く

生き方の選び

31　どのような生き方をするか、それは自分の選択であると同時に、神からの呼びかけに耳を傾けることでもあります。神の招きはさまざまであって、結婚の道へと進む人もいれば、それとは異なる道を歩む人もいます。

生涯をともにしたいと思う相手とめぐり合った男女は、結婚して二人で家庭を築くことを願うようになります。

二人の男女を結び合わせる神の心の中には、明確な目的があります。一つは、その男女を通して新しいいのちをもうけるという創造のわざを続けること、もう一つは、互いにとって生涯にわたるふさわしい助け手を与えるということです。夫婦として結ばれる相手は、互いにとって、神によって特別にゆだねられた存在です。夫婦の誓いは、この人を生涯にわたって助けてほしいという神からの申し出の受諾なのです。

価値観の多様化

32　現在の日本では、晩婚化が進むとともに、結婚しない男女が増えています。一九七〇年には男二十六・九歳、女二十四・二歳であった平均初婚年齢は、二〇一五年には男三十一・一歳、女二十九・四歳にまで上昇しました。[21] また、生涯未婚率[22]は、二〇一〇年の数値で男が二〇・一四パーセント、女が一〇・六一パーセントで、二〇〇〇年からの十年間で、ほぼ倍に近い増加を示しています。ＮＨＫが実施している世論調査によれば、「人は結婚するのが当たり前だ」と「必ずしも結婚する必要はない」のどちらに賛成かという問いに対して、一九八四年には前者を支持する人が後者を支持する人の二倍いたのに対し、二〇〇八年ではそれが完全に逆転しています。
こうした意識の変化とともに、結婚を取り巻く経済状況が悪化していることも事実です。経済的基盤が整わず、結婚を望んでいても躊躇してしまう若者もいます。

教会は、本人の価値観に敬意を払ったうえで、結婚を望む人に対して、二人で協力し家庭を築くことのすばらしさを示し、積極的に励まします。また、結婚の決断を難しくしている社会問題についても目を向け、個人個人が、その与えられた道を全うできるよう、ともに祈り、支えていきます。

(21) 厚生労働省「人口動態統計」二〇一五年。
(22) 五十歳時の未婚者の割合。

愛を貫く

33　新婚夫婦は、愛する人との生活に多くの夢を抱くことでしょう。しかし、夫婦となった二人を待ち受けているのは、喜びや感動ばかりではありません。苦悩や失望や幻滅が、荒波のように押し寄せてくるときもあるでしょう。好きだという互いの感情は、もろく傷つきやすいものです。二人の間に越えがたい溝を感じ、共同の生活をあきらめたい、断念したいと思うこともあるでしょう。
しかし、そんなときには、ぜひ一度踏みとどまって考えて欲しいと願います。なぜなら、人間の真の成長は愛による献身にあるからです。ここでいう愛とは、好き嫌いという思いのレベルにとどまる愛ではなく、相手の幸せのために働く愛です。

愛は忍耐強い。愛は情け深い。ねたまない。愛は自慢せず、高ぶらない。礼を失せず、自分の利益を求めず、いらだたず、恨《うら》みを抱かない。

（一コリント13・4―5）

結婚する二人は、神の前で「順境にあっても逆境にあっても、病気のときも健康のときも、生涯、互いに愛と忠実を尽くすこと」(23)を誓います。利己的になりがちなわたしたちが永遠の愛を誓うことは、不可能なことに思われるかもしれません。しかし、それが可能になるのは、神がわたしたちに恵みを注いでくださるからです。それがわたしたちの信仰です。

何よりも夫婦の間に求められることは、互いにしっかりと向き合うことです。経済的な豊かさの追求を最優先とするのではなく、すぐ傍らの大切な伴侶《はんりょ》や子どもたちに目を向けるよう心掛けるべきです。温かなまなざしがあってこそ、人の心は落ち着き、和らぐものです。また、家族の温かなまなざしが自分の上に注がれているという強い確信があれば、わたしたち人間は、どんなに大きな人生の嵐に遭遇しても、その確信に支えられて希望と力を見いだしていけるのです。

そのためには、互いの努力が求められます。忙しいということが、互いに話し合い理解し合うことを先延ばしにするための口実になってはなりません。夫婦間のきずなを生かすも殺すもコミュニケーション次第、そういっても過言ではないでしょう。

　また、夫婦の協働ということについても意識を新たにしていく必要があります。家事、子育て、親の介護といったことがらは夫婦の共同責任であることを、もっと明確に意識しなければなりません。

　大切なのは夫婦が協力し合うことです。そしてそこには、忍耐や自己犠牲が欠かせないということを忘れてはなりません。

（23）カトリック儀式書『結婚式』。

結婚生活の破綻

34　しかし、現代の社会では、多くの夫婦のきずなが揺らいでいます。日本においても、離婚はもはや珍しいことではありません。二〇〇〇年以降の離婚件数を見ると、二〇〇二年の二八九、八三六件が最大値で、その後は減少傾向にありますが、それは婚姻関係にあるものの絶対数が減っているからでもあり、二〇一五年は二二六、二一五件で、相変わらず二〇万を超える件数を示しています。[24]

さらに離婚に至らないまでも、多くの夫婦が悩みを抱え苦しんでいます。だれかに相談すれば、楽になって解決策が見つかるかもしれません。しかし、身内の恥を外にさらしたくないという心理も働いて、問題を自分の内に抱え込んだまま孤立してしまうケースも少なくありません。

わたしたちは、これまでの教会が、結婚生活を維持することができなかった人に対し、どちらかというと裁き手として振る舞ってきたという事実を反省します。苦しむ人をイエス・キリストのように温かく包み込み、その人生の新たな歩みを支え励まさなければならないと考えています。(25)

また不幸にも離婚した後に、新たな伴侶と出会い、新たな人生を歩もうとする人々に対しても、教会は母としての心で寄り添い、その歩みを支えたいと願っています。(26) わたしたち教会は、結婚前に講座を提供するだけでなく、いつまでも二人に寄り添って、彼らが悩みや不安を相談できる共同体でありたいのです。どのような過去をもつ人をも受け入れ、新たな光と希望を与える使命が教会にはあります。

(24)　厚生労働省「人口動態統計」二〇一五年。
(25)　教皇フランシスコ使徒的勧告『愛のよろこび』242参照。
(26)　同299参照。

若者の意識の変化

35　若者の意識の変化についても考えていかねばなりません。離婚件数増加の一番の原因は、若者の離婚が極端に増えてきていることにあります。二〇一〇年の年齢別の有配偶者に対する離婚率を見ると、男性の十九歳以下が四八・〇九、二十～二十四歳が四七・〇五、女性の十九歳以下が八二・七四、二十～二十四歳が四八・三四という、驚くようなパーセンテージを示しています。(27)「できちゃった婚」などということばが如実に表しているように、若者の結婚に対する価値観は、以前とは大きく変化しています。わたしたちは、他者と生活をともにし、新たな生命の誕生へと開かれている結婚の尊さについて、結婚を準備している人たちだけでなく、子どもたちやすべての若者に伝える務めをもっています。

(27)　国立社会保障・人口問題研究所「人口統計資料集」二〇一六年。

困難な状況

36　なお、配偶者による肉体的、精神的暴力などから子どもや自分を守るために、やむなく家を飛び出し、離婚に至るようなケースも増えてきています。男女ともに離婚の理由の第一位は「性格が合わない」ですが、女性の場合、「生活費を渡さない」「精神的に虐待する」「暴力を振るう」が理由の二位から四位を占めています。[28] 家庭内の暴力は深刻な問題であり、最悪の場合、自分や子どものいのちが奪われることすらあります。こうなるともはや、共同生活の維持を、単純に本人の責任として求めることはできないのです。このような困難な状況にある人にこそ、教会は寄り添い、支えになりたいと願っています。

(28) 最高裁判所事務総局『司法統計年報』二〇一五年。

3　新しいいのち

授かったいのち

37　結婚生活を送る二人が子どもに恵まれること、それは大きな喜びです。新しいいのちをともにはぐくんでいくことによって、夫婦はいっそうきずなを深めていきます。

しかし、とても悲しいことに、すべての妊娠が喜びに満ちたものであるとは限りません。日本での人工妊娠中絶の件数は、年々減ってきてはいます。それでも、年間一八万件を超える中絶が行われています。[29] 出生前診断の広がりも、それに影響を及ぼしています。

カトリック教会は、中絶に反対する立場をとっています。人間には存在の最初の瞬間から、等しく人権が認められなければなりません。「死に追いやられた罪のない者」に加えられた「償うことのできない損害」を教会は無視することはできないのです。[30]

しかし反対の立場を主張すると同時に、どうしたら中絶をなくすことができるのか、女性を取り巻く環境について具体的に考え、行動していくことも大切です。妊娠について悩みを抱えている女性の支援や出産を励まし助ける取り組みを、いっそう進めていかねばなりません。

さらに、中絶によって痛恨の念を長年持ち続ける女性が多数いることも忘れるわけにはいきません。その痛みを受け止め、ゆるしと慰めを必要としている人に寄り添うことも、教会の大切な使命です。

（29）厚生労働省「衛生行政報告例」二〇一四年。
（30）『カトリック教会のカテキズム』2270―2272参照。

受胎調節

38　家族計画手段の普及や医療技術の進歩等により、人々の子どもについての意識は「授かるもの」から計画的に「作るもの」へと変えられつつあるようです。生命の誕生は神の創造のわざであり、男女の営みは神の創造のわざへの参与です。こうした神秘に対する感性が薄れてしまっていることに、わたしたちは危惧を抱いています。

新たないのちに対する責任については、夫婦で真剣に考えなければなりません。受胎調節を必要とする場合、教会は自然な方法を勧めてきました(31)。自然な受胎調節を行うためには、女性の身体をいたわる愛情とコミュニケーションが不可欠です。

(31)　オギノ式、基礎体温法、排卵検査薬などによって、排卵日を推定して行う受胎調節。

子育て

39　子育ては夫婦に、大きな喜びを与えてくれます。同時に、さまざまな試練も与えられます。しかしその試練の中でこそ、子どもの存在は親にとっての支えとなります。子どもが成長するにつれ、親も成長していきます。人はいきなり立派な親になれるわけではありません。経験と失敗を重ねつつ、親になっていくのです。

子育てには、つねに喜びばかりがあるわけではありません。とくに母親は、寝不足が続く日々の中で、思いどおりにはいかない子育てに苛立《いらだ》ち、肉体的、精神的に疲れ果てて、つい子どもに当たってしまうこともあります。

新しいいのちをはぐくみ、その成長を支えていくためには、夫婦の間に思いやりと助け合いの精神がなければなりません。かつての「家事、育児は女性の仕事」という価値観が圧倒的に支配的であった時代に比べれば、共働きが当たり前になった現代においては、子育てに積極的に参加する男性も増えてきてはいます。それでも、育児の負担の大半は女性の肩にかかっているというのが多くの夫婦の現実ではないでしょうか。二〇一〇年六月の育児・介護休業法の改正によって、配偶者がたとえ専業主婦であったとしても育児休業が適用されることになり、男性の育児休暇取得の権利もごく普通のこととして取り上げられるようにはなってきました。しかし、それが日本社会全体に浸透しているとはいえず、労働者がその権利を主張するにあたっては、目に見えない圧力が存在する場合もあるのが現実です。[32]

(32)　総務省統計局による「社会生活基本調査」（二〇一一年）では、六歳未満の子がいる家庭において一日あたりの育児に充てる時間は、夫が四二分、妻が三時間二分という結果が出ています（週全体平均）。夫のほうが概して有償労働の時間が長いため、この数値だけをもって男性を責めることはできませんが、それでも、いまだ妻に家庭生活の責任の多くがのしかかっていることを証明する値であるといえます。

ひとり親家庭の子育て

40　二〇一〇年の国勢調査によれば、全国の母子世帯は約七五万六千世帯（一般世帯[33]の一・五パーセント）、父子世帯は約八万九千世帯で、一九九五年との比較では、母子世帯は約二二万六千の、父子世帯は約六百の増加となっています。[34]
ひとり親世帯の経済状態を見ると、その相対的貧困率は五四・六パーセントに上ります。[35] つまり、ひとり親世帯の二世帯に一世帯は貧困状態にあるということです。また、母子世帯、父子世帯ともに、約一割が生活保護を受給しています。[36]
仕事を複数掛け持ちしたり、少しでも高い収入を得るために夜間や深夜の労働に従事したりしているシングルマザーもいます。その結果彼女たちは、子どもと向き合う時間を十分に取ることができずにいます。
未来に向けて伸びやかに成長していく子どもたち――、それは親にとって喜びそのものです。経済的、時間的に厳しい状況にあって、ひたすら生活に追われている親も少なくないでしょう。しかし、どんな困難な状況にあっても、親にとって子どもが喜びであり支えであることは間違いありません。親は、与えるよりも、多くを与えられているのです。

(33)　総務省統計局による定義によれば、国勢調査において用いられる「一般世帯」という用語は「(1)住居と生計を共にしている人々の集まり又は一戸を構えて住んでいる単身者。(2)上記の世帯と住居を共にし、別に生計を維持している間借りの単身者又は下宿屋などに下宿している単身者。(3)会社・団体・商店・官公庁などの寄宿舎、独身寮などに居住している単身者」を指し、学校の寮・寄宿舎、病院・療養所、社会施設などに起居する「施設等の世帯」とは区別されます。
(34)　なお、この年の国勢調査では、女親もしくは男親と二十歳未満の子どもだけからなる世帯としての「母子世帯」「父子世帯」のほかに、二十歳以上の子どもを除く他の世帯員と同居しているひとり親世帯（実家での同居など）の数も集計されています。それによれば、「母子世帯（他の世帯員がいる世帯を含む）」は約一〇八万二千世帯、「父子世帯（他の世帯員がいる世帯を含む）」は二〇万四千世帯です。ここでの父子世帯の値が、子どもと親だけの世帯数の倍以上に上っていることに、男女の違いが明確に表れています。

（35）　内閣府『子ども・若者白書』二〇一五年。

（36）　厚生労働省雇用均等・児童家庭局家庭福祉課「ひとり親家庭の支援について」二〇一四年。

社会が担う子育て

41　子育てには、親だけでなく、社会にも担うべき責任があります。行政や職場に対しても、さらなる法的整備や、より積極的な子育て支援の実行などを求めていく必要があります。個々の家庭と社会とが、助け合う関係を築かなければならないのです。

教会にもまた担えることがあります。全国の多くの教会には、幼稚園や保育園が併設されています。子育て中の親たちのためにこのネットワークを生かすことができれば、それは意義深いことです。「開かれた父の家」として「門を開いたままにしておく」ことを目指す教会は（37）、地域社会の人々にも働きかけ、子育てにかかわっていくことができる――、そう希望しています。

（37）　教皇フランシスコ使徒的勧告『福音の喜び（二〇一三年十一月二十四日）』（*Evangelii Gaudium*）47。

三　老いを生きる

1　老いを迎えるということ

超高齢社会を生きる

42　人は皆、齢《よわい》を重ね、やがては高齢期と呼ばれる時期を迎えます。それは、多くの人がこれまでの人生に一区切りつける時期です。達成感を覚えると同時に、寂しさや空虚感に襲われることがあるかもしれません。

「余生」ということばがありますが、平均寿命が飛躍的に伸長した今、高齢期を単純に余生といってしまうことはできません。仕事から解放され、時間的、精神的な自由を手に入れ、これまでできなかった趣味やボランティアにいそしもうと考えている人もいるでしょう。一方で、身体の衰えとともに、健康面での不安を抱える人も少なくないでしょう。また、伴侶や親の介護に追われている人もいることと思います。

日本は、世界でもトップクラスの平均寿命を誇っています。それは喜ばしいことですが、社会もわたしたち自身も、急速に進む高齢化を受け止めることについて、いまだ準備が整っていないというのが現状ではないでしょうか。その影響はさまざまな分野に及んでいます。超高齢社会をどのように生きるのか——。それはわたしたちに与えられた大きな課題です。

身体の衰えと介護、貧困

43　若いころには健康や身体の丈夫なことを誇っていたとしても、高齢になれば、だれもが少なからず衰えを感じ、病を得るものです。多くの人に、だれかの手を借りなければ生活がままならないときが訪れるのです。「介護が必要になったらどうしよう」「認知症になって迷惑をかけることが心配だ」など、老いや病に不安を覚える人は少なくありません。昨日までできていたことができなくなってしまうこと——、それは簡単には受け入れられないことです。しかしそれによって、人間の尊厳が失われるわけではありません。

現在、少子高齢化の影響もあって、高齢者の介護は大きな課題となっています。介護は、健康な若い人にとってすら楽なことではありません。肉体的な負担はいうまでもなく、とくに認知症を患っている人の介護などでは、愛する家族から暴言を吐かれることに耐えていくなど、精神的なつらさもあります。七十代の子どもが九十代の親を、高齢者がその高齢の配偶者を介護するといった「老老介護」が当たり前の状況もあります。すべてを引き受ける中で、肉体的にも精神的にも追い詰められ、親や配偶者を殺《あや》めてしまうといった痛ましいニュースを耳にすることもまれではありません。現代では、介護保険が浸透し、介護に外部の手が多く入るようになってはきました。しかし、家庭内の負担が十分に軽減されたとはいえません。

家族の献身は貴重なものですが、行政の公的サービスがいっそう充実し、地域の協力なども得ることによって、介護で追い詰められてしまう人をなくし、また介護を必要とする高齢者にとっても生きやすいと感じられる、社会の建設が切に望まれます。

また、高齢者の貧困の解消も、社会にとって重要な課題です。ＯＥＣＤ加盟国のうち、日本は六十五歳以上の貧困率が四番目に高い国だという報告があります。(38) 生活保護を受けている世帯の半数近くが高齢者世帯で、それは傷病者・障害者世帯をはるかに上回っています。(39) そうした貧困を解消するために、さまざまな社会保障制度の整備が必要とされますが、高齢者の生活が保障されるとともに、若い世代に過剰な負担がかからないようにする工夫も求められます。

（38）ＯＥＣＤ『図表で見る世界の年金二〇一五年版――ＯＥＣＤとG20諸国の指標』（*Pensions at a Glance 2015: OECD and G20 indicators*）。

（39）厚生労働省「被保護者調査」二〇一四年。

2　高齢社会と教会

教会にできること

44　高齢者の孤独は、地域を問わず、大きな社会問題となっています。隣近所との関係が希薄になる中で、高齢者が死後数日や数か月もたって発見されるといった事例が相次いでいます。社会との接点が失われてしまうことは、すべての世代にとって解消すべき重大な課題です。

高齢になると、仕事から退職し、子どもたちは独立し、配偶者に先だたれるなど、人とのつながりを失っていき、自分が必要とされる場が一つ一つ失われていきます。こうしたことが高齢者の孤独の背景にはあります。さらには、身体が不自由になり人の世話を受けなければならなくなることも、自分が必要とされているという実感を奪っていきます。

しかし、高齢者には高齢者にしかできない社会貢献があります。若年、壮年世代とは異なる、精神的な成熟や経験に基づく知恵をもった彼らの存在は、社会にとって貴重な宝です。そうした高齢者が働くにふさわしい場を提供できる――。それが望ましい社会のあり方です。生き生きと老いていく高齢者の姿は、やがて老いを迎える次の世代にとって励ましともなるでしょう。

教会はこの部分で、大切な役割を果たすことができると考えます。教会には、自分の経験を生かし能力を発揮して、地域や社会に貢献している高齢者が大勢います。たとえば、学習支援活動や外国人への支援などで経験を生かしている人がいます。また教会と社会とのつながりの一例として、東日本大震災のボランティアベースで始まった、仮設住宅に住む人がともに集い語ることができる「お茶っこサロン」を挙げることができるでしょう。サロンには地域の高齢者を中心に多くの人が集い、つながりを深める場となっています。壊れてしまった地元の人間関係を再構築する手助けとなり、また、当事者が苦しい状況を語ることで少しでも重荷を下ろすことができる場所になったのではないでしょうか。今後も知恵と力を出し合って、教会と地域が支え合う、継続的な活動が求められます。

一方、身体が不自由になり、簡単には教会に来ることができない高齢者も大勢います。ミサへの送り迎えや、病院や家庭への訪問が必要となる場合もあります。しかし、そうした高齢者の存在は、わたしたちに、自分が必要とされる場を与えてくれているのです。尊厳を失うどころか、むしろ尊厳を与える、尊い存在なのです。

死を超える希望

45　二千年前に生きたイエス・キリストは、十字架の死に至るまで徹底的に神に信頼を置き、出会ったすべての人を愛し抜きました。イエスの人生の歩みは肉体の死で終わるものではなく、死を超えて神のもとで完成した、だからイエスは今も生きている――。これが、「復活」ということばで表現される、わたしたちキリスト者の信仰です。

この信仰に基づけば、わたしたち一人ひとりのいのちについても、誕生に始まり死に終わるまでの肉体的生命がすべてだと考えることはできません。人生の究極の目標は永遠の神との出会いであり、そこから見て、今の自分にとって何がもっとも大切なのかが問われるのです。老いと死は、この神との決定的な出会いのために、人が通らなければならない関門なのです。高齢期は、まさにそのことを直視する時期です。

老いに付随するさまざまな否定的側面を受容しながら、その背後にわたしたちを導き、両手を大きく開いてわたしたちを温かく迎えようとしておられる神をしっかりと見つめることが信仰者の願いです。その神は人生のあらゆる場面でわたしたちを導き、たとえ死に臨んでもわたしたちを見捨てることはありません。この神への信頼を、詩編作者は次のように歌っています。

主はわれらの牧者、わたしは乏《とぼ》しいことがない。
たとえ死の陰《かげ》の谷を歩んでも、わたしは災いを恐れない。
あなたがわたしとともにおられ、そのむちとつえはわたしを守る。

（詩編23・1、4。典礼聖歌123より）

若くて自分の力でいろいろなことができ、目に見えるものを追い求めていたときよりも、むしろ、高齢になって弱さや苦しみを身にまとったときにこそ、本当にわたしたちの人生の中で何が大切かを見つめるチャンスが与えられるのだといえるでしょう。

祈る

46　宣教師として日本に住み、誠実に働き、多くの人にその徳を慕われながら静かに世を去った一司祭が、次のような美しい詩を紹介しています。

最上のわざ

この世の最上のわざは何？
楽しい心で年をとり、
働きたいけれども休み、
しゃべりたいけれども黙り、
失望しそうなときに希望し、

従順に、平静に、おのれの十字架をになう。（……）
おのれをこの世につなぐくさりを少しずつはずしていくのは、
真にえらい仕事。
こうして何もできなくなれば、
それを謙虚に承諾するのだ。
神は最後にいちばんよい仕事を残してくださる。
それは祈りだ。
手は何もできない。
けれども最後まで合掌できる。
愛するすべての人のうえに、神の恵みを求めるために。
すべてをなし終えたら、
臨終の床に神の声をきくだろう。
「来よ、わが友よ、われなんじを見捨てじ」と。(40)

(40)　ヘルマン・ホイヴェルス『人生の秋に――ホイヴェルス随想選集〈新装版〉』（林幹雄編、春秋社、二〇〇八年）七五―七七ページ。

第三章　生と死をめぐる諸問題

序――生命操作と生命倫理

科学技術の可能性

47　人類は神から与えられた力を生かして科学と技術を発展させ、生命を操作する多くの可能性を手にしました。生命科学の知識が増え、それを医療や産業の分野に応用する先端技術によって、人間のいのちとそれを取り巻く環境に介入する方法がますます多く開発されています。それらの中でもとくに、いのちの始まりと終わりに介入する生殖補助医療、再生医療、延命医療などにおける技術は目立っています。

先端技術による生命操作について、「神の領域に立ち入ってはならない」としてすべてを否定する人もいれば、「技術の利用にいっさい制限を設ける必要はない」とまでいう人もいます。カトリック教会の立場は、その両極端を避けた「創造主の創造のわざに協力して技術を発展させ、責任をもってこれを利用するのは、神から人間にゆだねられた使命である」というものです。[41]

いのちといのちを取り巻く環境とを守るために、人間は科学技術を生かすことができます。科学技術はいのちをさまざまな方法でケアすることができ、各人のいのちの尊厳と人類全体の善に寄与することができるのです。

(41) 教皇ヨハネ・パウロ二世は、回勅『いのちの福音』22で、自然を神聖化することにも、自然を物質に引き下げてあらゆる操作の対象にすることにも、懸念を表しています。また、教皇ベネディクト十六世も、回勅『真理に根ざした愛(二〇〇九年六月二十九日)』48(*Caritas in veritate*)において、「自然を濫用する」ことも、「自然を触れてはならないタブーと考える」ことも否定しています。

人類が共有できる価値観の追求

48 ところが、科学技術による自然への介入は、いのちを助けることがある一方、人間の尊厳や生態系のバランスを崩すおそれもあります。そのため、どのように制限を設けるかが問われることになります。技術的に可能なことを、人間はどこまでしてよいのか――。これは、生命倫理という学問分野が成立して以来、繰り返されてきた根本的な問いです。

この問題に取り組むにあたって、わたしたちは、知識と知恵の総合を目指すべきだと考えます。人間は科学技術によって人間自身を作り変えることができるほどの知識を持ち始めていますが、その知識を適切に用いるだけの知恵を養う必要があります。人間は神から与えられた力を用いるにあたって、責任を負っているのです。

現代では、技術優先の考え方が人間不在の経済と手を結んで暴走し、いのちを脅かしている例が多々見られます。[42] こうした状況を前に、人類は共有できる価値観を必要としています。その一つのしるしとして、ユネスコの「生命倫理と人権に関する世界宣言」（二〇〇五年）を挙げることができます。この宣言は、思想や信条などの相違を超えて、政治家と教育者の合意を目指し、生命尊重と個人の尊厳および人類全体の福祉に関して共有できる価値観を追求するよう訴えています。わたしたちは、その追求に加わるにあたって、聖書に基づいたわたしたちの信仰ならではの貢献をしたいと考えます。

（42）教皇フランシスコ回勅『ラウダート・シ——ともに暮らす家を大切に（二〇一五年五月二十四日）』（*Laudato si'*）第三章では、技術優先の考え方と人間不在の経済の独走がいのちを脅かす危機の原因であると強く説かれています。

聖書に基づいたいのちのケア

49　第一章で述べたように、人間は神の創造のわざへの協力者としての使命を受けています。聖書は「産めよ、増えよ、地に満ちよ」（創世記1・28参照）と、人間を創造した神の意図を伝えます。男女が一体となり、新しいいのちを生むことは、神の創造との協働によって新しいいいのちを造ることです。同様に、地を耕し、いのちの実を結ばせるということも、神の創造のわざへの協力です。聖書によれば、大地に緑を生《は》えさせるにあたっては、恵みの雨と人の働きの二つが必要でした。

主なる神が地と天を造られたとき、地上にはまだ野の木も、野の草も生えていなかった。主なる神が地上に雨をお送りにならなかったからである。また土を耕す人もいなかった。しかし、水が地下からわき出て、土の面《おもて》をすべて潤した。（創世記2・4b―6）

主なる神は人を連れて来て、エデンの園に住まわせ、人がそこを耕し、守るようにされた。（創世記2・15）

雨は天からの「いただきもの」であり、雨が注がれる大地を「耕し、守る」ことは人間の使命です。ですからこの人間の働きも、神の創造のわざに協力することだといえるでしょう。「いのちは神聖であり、したがって不可侵なものです」(43)。わたしたちは信仰に基づいて、そう確信しています。いのちへの介入については、人間の思いのままにしてよいのではなく、創造のわざへの協力としてかかわることが求められます。いただいたたまものに感謝し、課題や使命として預かったものを実らせる責任を果たし、壊れやすく、人間の欲望によって危険にさらされているものを優しく「気遣い」ながら守ることが基本的な姿勢になります。いのちと自然に対して人為的に手を加えるときには、自然のうちに含まれている方向性を見いだし、それに沿ったやり方を見いだすという原則が大切だと、わたしたちは考えます。

（43）　教皇ヨハネ・パウロ二世回勅『いのちの福音』40。

すべてはつながっている

50　教皇フランシスコは、二〇一五年に発表した回勅『ラウダート・シ』において、繰り返し「総合的《インテグラル》なエコロジー」について語っています。それは、生まれてくるいのちを見守る生命倫理と、自然環境を保護する環境倫理の課題を、総合的に理解しようとする姿勢を表しています。この「総合的《インテグラル》なエコロジー」はまた、社会倫理の課題、すなわち人と人を一つにし、平和な社会を建設する努力も他の課題と不可分のものであるとする考え方です。

本章で取り上げる生と死をめぐる諸問題は多岐にわたりますが、そのすべてはつながっています。そこにおける、いのちを守り開花させるための働きは、神の創造のわざへの協力であり、神との協働であると、わたしたちは信じています。

一　生と死の尊厳

1　出生前診断と障害

新しい技術

51　いのちをその初めから大切にするために、現代が可能にした出生前診断という新たな技術をどのように受け止めたらよいでしょうか。出生前診断については、障害者への偏見や差別の問題と切り離して考えることはできません。障害者の人権を尊重する立場からは、つねに懸念が示されています。他方、障害者本人が、自分が受けた差別を子どもに繰り返させたくないがために、「出生前診断を受けることは思いやり」といっているケースもあれば、そういわせている社会の現実もあります。障害者が生きにくい社会であればあるほど、その度合いは深まります。出生前診断について考える際には、わたしたち一人ひとりの障害者に対する意識が問題

になってくるのです。(44)

(44)「三十五歳以上の高齢出産の増加に伴い、(出生前の)検査を受ける人は増えている。ダウン症などの染色体異常のほか、脳や心臓の異常などが分かる。異常が見つかった場合、十分なカウンセリングを受けないまま中絶が選ばれる可能性もあり、『いのちの選別につながる』という倫理的問題も抱える」(朝日新聞夕刊、二〇一二年八月二十九日)。

さまざまな意見

52　出生前診断の利点として、「出産における事故を未然に防げる」「胎児のうちに遺伝的異常を発見して治療を開始できる」「治療できない先天異常などを有する場合、両親は必要な準備をして子どもを迎えることができる」ことなどが挙げられています。

一方、「遺伝子検査の結果得られた情報が十分に保護されなければ、将来、保因者であることを理由に、保険、就職、結婚などで差別される可能性がある」「異常の判明によって人工妊娠中絶が選択されるならば、いのちの尊厳を損ない、障害者の生きる権利を否定することにもつながる」といった否定的意見もあります。診断のもつ意味を理解したうえで受診するか否かを判断できる十分な環境作りが、今、必要とされています。

いのちの選別

53　わたしたちが強く懸念しているのは、出生前診断が新しいかたちで優生学的な方向へと進むのではないかということです。診断の技術はどんどん進歩しているのに、その是非についての議論が尽くされていません。いのちを「選別」するという優生学的思想が広まり支配的になっていく中、十分な議論とそれに基づいた法規制が必要です。

出生前診断関連事業には、企業が参入しています。企業の行動原理は利潤追求です。放っておけば、いのちがモノとして取り扱われるおそれがあります。経済至上主義と技術主義が支配すると、いのちさえも商品化、手段化、資源化されていくからです。その恐ろしさから目を背けるわけにはいきません。

「いのちの価値を判断する」という差別

54　当初は重度の障害のある子どもが出生する可能性を調べるために普及した出生前診断が、今は障害者の出生を「予防」するという観点から受け入れられています。現在、妊娠した女性が出生前診断を受け胎児の染色体異常が見つかれば、多くの場合人工妊娠中絶が選択されています。(45)

わたしたちの社会には、障害のある人に対する差別が存在することを自覚しなければなりません。ある種の人間は生きているべきではない、とまで考える人がいるのです。本来、存在することそれ自体で尊厳と価値をもつ人間を、利用価値、つまり「役に立つ」か、それとも「負担となる」か、生産性があるか否かで判断する考え方が、障害のある人への見方に大きく影響しており、これが社会的な背景となって、いのちを「選別」することへとつながると考えられるのです。

(45)「妊婦の血液で胎児のダウン症などの染色体異常を調べる新出生前診断を実施している病院グループは……二〇一三年四月の導入以来二年間の実績を集計。一万七八〇〇人が受診し、二九五人が陽性と判定された。(この陽性判定者)のうち、中絶したのは二二一人、妊娠を継続した人が四人、胎児が死亡してしまったのが四一人などだった。確定診断を受ける前に中絶した人も数人いた」(日本経済新聞、二〇一五年六月二十七日)。

診断が一般化することへの危惧

55　今日、妊婦の血液中にある胎児のDNA断片を解析して、三つの染色体異常について判定することが可能になっています。検査ができるのは、ダウン症の21トリソミー、重度の精神遅滞、外見の変形、臓器の異常などを発症する13トリソミーと18トリソミーです。日本産科婦人科学会は、検査対象を高齢妊娠や他の検査で染色体異常が疑われる場合や「胎児が重篤な疾患に罹患する可能性のある場合」に限定し、検査を希望する夫婦に十分な説明を行い、同意した場合にかぎり実施する、という方針を示しました。そこでは同時に、この検査方法は簡便であるため、安易に実施されることを憂慮して、「決して全妊婦を対象としたマス・スクリーニング（集団対象の）検査として提供してはならない」とも明言しています。(46)

日本ダウン症協会は、「出生前診断がマススクリーニングとして一般化することや、安易に行われることに断固反対」(47)であるとし、障害者の排除につながる可能性を危惧しています。

わたしたちも同様の危惧から、出生前診断を行うか否かの判断に際しては、「出生前診断により何が分かるのか、分かった場合にどのような選択がありうるのか」についての、個別で丁寧な「インフォームド・コンセント（説明と同意）」が不可欠であると考えています。

(46)「出生前に行われる遺伝学的検査および診断に関する見解」二〇一三年六月二十二日。
(47)「遺伝子検査に関する指針作成についての要望」日本産科婦人科学会理事長あて、二〇一二年八月二十七日。

幸せと価値

56　胎内に宿った子に障害があると知らされて戸惑い、「この子の将来はどうなるのだろう。厳しい社会を生きていけるのだろうか」と不安に駆られる親の姿は想像に難くありません。今日の社会でハンディキャップを負って生きるのは容易なことではないからです。人間の幸せと価値、人間の真のいのちの輝きは、障害の有無に左右されないということをわたしたちは確信していますが、障害のある人の口から直接、それがどんなにつらく困難なものであるかを告白されると、そのことばの重さに圧倒されてしまうのも事実です。

それでもわたしたちは、「生んでくれた両親に感謝している」と話す障害のある人の存在も、「この子と一緒に生きてきてよかった」と述懐する親の存在も知っています。そうした心境に達するまでには、本人の努力や周囲の人の支え、すばらしい出会いがあったのでしょう。

バリアフリーの社会を目指して

57　障害のあるなしにかかわりなく、人間は皆、尊いいのちを神から与えられ、神に向かう人生を歩む旅人です。互いに人生に対する深い敬意を示しながら、それぞれに与えられた力をもってその歩みを助け合うように造られているのです。ですからわたしたちは、障害についての理解を改める必要があります。障害がその人にあるという理解（医学モデル）ではなく、ハンディキャップのある人が生きにくい社会のほうに障害があるという理解（社会モデル）への移行です。社会にこそ、さまざまなハンディキャップを負っている人への「合理的配慮」が求められています。社会におけるハンディキャップを負っている人のための合理的配慮は、特定の人だけのための配慮ではありません。病気や事故、加齢によって身体的にも精神的にもハンディキャップを負う可能性はだれにでもあるのですから、それは、あらゆる人のための配慮なのです。「一つの社会、一つの文明の質は、その中のもっとも力ない仲間がどれだけ尊重されているかによって量られる」[48]。これは、世界障害者年に発表された教皇庁文書の一節です。バリアフリーの社会、それぞれの人格が尊重され、生かされ、コミュニケーションがとれる社会を目指す意識と行動、これがいのちの「選別」を超えるための真の課題です。

（48）「障害者に奉仕する人々に向けて（一九八一年三月四日）」(*L'Osservatore Romano*, 23 March 1981, 6)。

2　ヒト胚の操作

ヒト胚の操作への期待と懸念

58　「ヒト胚」とは、人間における個体発生のごく初期の状態、正確にいえば受精卵が二分割以上になったものを指すことばです。このヒト胚が子宮内膜に着床して数週間かけて育っていき、やがて「胎児」と呼ばれるようになります。

人間のいのちの初期段階であるこのヒト胚は、現在、遺伝子操作、クローン技術などによって、人間にとって操作可能な対象になってきました。その技術は日進月歩で、次々に新たな手法や試みが生まれています。こうした新技術が健康の増進や病気の治療に大きく貢献することが期待される一方、そのために行われる、いのちの始まりの過程に対する人為的な介入や操作はどこまで許されるのかが議論されています。

すでに人であるヒト胚

59　こうした技術は非常に専門的であり、多様で複雑であるため、社会全体としてその利用の是非を判断するのは困難なことです。それには、多くの時間と労力を要します。しかしまずわたしたちが一番に懸念することは、生命科学の技術が産業界と結びつき、経済性や効率化を優先して独り歩きすること、そしてその結果、人間のいのちの道具化、商品化、手段化が起こることです。[49]「いのちは神聖であり、したがって不可侵」であると信じるわたしたちは、そのことに警鐘を鳴らしたいのです。

いかなる技術であれ、次の点に注意する必要があります。

- ヒト胚はすでに人であり、人間としてのいのちをもっているのですから、その研究は、いのちの尊厳を損なわないことを前提としなければなりません。

- 人間はそれ自身が目的であり、人間を手段や道具としてはなりません。
- 有用性を理由にして、ヒト胚を破壊してはなりません。
- 生命操作の応用は、新しいかたちでの優生学的な方向に向かわないよう注意しなければなりません。

わたしたちは、科学や医療技術の発展を、「神の領域を侵す」ことだとして、短絡的に否定するつもりはありません。その内容を見極め、明らかにし、人類の幸福のために生かしていくことは、神の似姿として創造され、この世界の秩序と調和の守り手として人間に課せられた使命の一端を担うことです。

この使命を果たすにあたり、いのちの始まりについて、科学的に解明されている妊娠の過程の継続性を念頭において、わたしたちは受精の瞬間からいのちを尊重し、それを守るよう主張します。受精卵は、人としてのいのちをもった存在です。したがって、受精卵やヒト胚をモノのように扱うことは人間の尊厳を損なうことであって、許されるべきではありません。わたしたちは以下のように考えます。

- 生殖細胞（卵子と精子）が別個に存在している段階から両者が合体して受精卵が成立する段階への変化は、新たないのちの誕生であり、はっきりと区別できる変化です。生殖細胞と受精卵の間には、決定的な差があります。新たな受精卵が胎児へと成長し、やがて出生するまでの過程は一続きのものです。

- いのちある存在を作成したり、利用したり、操作したり、破壊したりすることは、つねに人間の尊厳を損なう行為となります。

(49)　島薗進『いのちの始まりの生命倫理――受精卵・クローン胚の作成・利用は認められるか』(春秋社、二〇〇六年)参照。

ヒト胚を操作する技術の変遷

60　前述したように、生命科学と医療技術の急速な発展は、人間生活、とくに何らかの疾患を抱える人の生活に大きな影響を与えることとなりました。

世界で初めて体外受精の新生児、いわゆる「試験管ベビー」が生まれた一九七八年以来、この技術は多くの国で用いられるようになっています。

一九九七年、未受精卵に乳腺細胞の核を移植、つまり、精子と卵子が受精することなく生まれたクローン羊ドリーの誕生が報告され、世界は大きな衝撃を受けました。クローン技術によって、遺伝的に同一の細胞や生物が作成されるのです。クローン技術には、生殖を目的とする「胚細胞クローン」と、組織や器官を作成するなど生殖以外の目的で行われる「体細胞クローン」があり、それぞれに倫理的な判断が分かれます。

一九九八年には米国の研究チームが、受精卵を培養し、そこから、さまざまな組織に分化しうる胚性幹細胞＝ＥＳ細胞を作成することに成功しました。以前は女性の胎内にしか存在しなかったヒト胚が、実験室で作られ、操作されるようになってきたのです。そこには、クローン技術で作成された胚からＥＳ細胞を取り出し、さまざまな人体組織を作り出し、人体の諸部位を生き返らせる再生医療への期待はありましたが、同時に大きな倫理的問題も抱えていました。

二〇〇七年には、このＥＳ細胞とは異なり、体細胞に遺伝子を加えることで、さまざまな組織に分化しうるｉＰＳ細胞の作成に、複数の研究者が成功しました。神経の難病治療や自らの臓器を再生するために利用されることが期待される一方、未知の危険性の有無についても研究が続けられています。

さらに、細胞内の遺伝子を組み替えるなどといった技術も発展しています。先天的に特定の遺伝子が機能しないために起こる疾患や、他の治療法のない後天性の疾患の治療のために、こうした遺伝子治療の研究が進んでいます。(50) 被験者を十分尊重したうえでの研究に有益な面があることは否定できませんが、このような研究は、あくまでも人間のいのちを生かすための研究であることを忘れてはならないでしょう。

(50) 教皇ヨハネ・パウロ二世は、生命科学の研究は、「倫理的価値と人間の尊厳が損なわれることのないように行われなければならない」と語っています（『教皇庁立科学アカデミーの参加者へのメッセージ（一九八二年十月二十三日）」）。

生命科学技術への倫理的判断

61　以上のように、ここ数十年の間に、ヒトの細胞を直接操作するさまざまな技術が急速に発展しており、いまもそれは進歩し続けています。

新たな技術の登場にあたっては、それが人間の尊厳にかない、社会にとって受け入れられるものかどうかという倫理的判断を下す必要があるはずですが、技術発展の速度があまりにも速く、社会の対応が追いつかない面があります。ある時点で倫理的に受け入れられると判断された技術も、他の技術と組み合わされるなどして、問題をはらむ技術へと変わってしまうこともしばしばです。しかしそれでも、日々発展する新たな生命操作の技術のすべてを、何ら吟味することなく受け入れてよいとは到底考えられません。

技術の進歩は歓迎すべきものであることは当然ですが、人間が不完全な存在である以上、そこに何かしらの危険をはらむおそれがつねにあるのだと、人類は謙虚に肝に銘じておくべきではないでしょうか。とりわけ、生命科学に関する技術は、生物としての人間存在そのものを脅かすおそれがあり、特別に注意が必要なのです。

3　終末期医療

医療の進歩と倫理上の判断

62　科学技術や福祉の発達した今日、人が最期をどう迎えるかが、あらためて大きな課題となっています。終末期においてさまざまな医療手段を用いることが可能となったことから、何らかの行為を「初めから行わないこと」「途中でやめること」をめぐる倫理上の判断が難しくなってきているのです。

延命医療技術と苦痛緩和医療技術の発展によって、人生の最後の段階におけるいのちのケアの方法は大いに改善されました。しかし同時に、回復の見込みがないまま、ただ延命装置によって生命を維持されているような状態が続くことや過度な苦痛を引き延ばすだけの延命処置は、人間としての尊厳にふさわしいかどうかという問いも生まれてきました。具体的には、気管挿管、胃瘻《いろう》をはじめとする経管栄養、中心静脈栄養などを「行わない」あるいは「中止する」ことがどのようなときに許容されるのかが、切実な問題として突きつけられることが多くなっています。

尊厳死をめぐって

63　「尊厳死」（Death with Dignity）は、医療者の手で患者を死に至らしめる「積極的な安楽死」とは違います。尊厳死は「消極的な安楽死」と呼ばれることもありますが、終末期の患者に対し、延命のためだけの医療行為を控えることです。一九八〇年代から、「尊厳ある死の迎え方」をめぐって、とくに延命医療の中止や、結果としては死期を早めることになる苦痛緩和について、患者と医師双方の権利を守る法律がさまざまな国で作られるようになりました。

日本では、終末期の患者について行われた医療の中止（抜管など）が罪に問われる事件がいくつか起こり[(51)]、国民の間に終末期医療に対する不信を生じさせました。他方、日本の医療関係者たちの間には、日本の法律は不明確で、自分たちの行動が罪に問われることがないか、また患者家族などの関係者にどのように対応すべきかが分からないといった不安があり、明確なルールを求める声も上がっています。日本尊厳死協会は、尊厳死に関する立法請願を行うなどの活動を続けてきましたし、尊厳死法制化を考える議員連盟は、二〇一二年に二案からなる「終末期の医療における患者の意思の尊重に関する法律案」を公表しています。

（51）　たとえば、北海道立羽幌病院事件（二〇〇四年二月）や、富山県の射水市民病院事件（二〇〇五年十月）などが挙げられます。

安楽死と尊厳死

64　一方、患者の依頼にこたえて医療者の手で患者を死に至らしめる「積極的な安楽死」が、オランダやベルギーなど、ごく少数の国において認められています。アメリカのオレゴン州とスイスでは、医療者による自死の幇助《ほうじょ》が認められています[52]。日本でも、いくつかの安楽死（以下、安楽死とは「積極的な安楽死」を指します）の実例があり[53]、その合法化を要求する団体も存在します。そこには、いわゆる「自己決定権」を「自分のいのちは自分で自由に扱うことができる」とするような誤解や、人間のいのちさえ効率や有用性という基準によって判別するような危険な価値観の影響が感じられます。

カトリック教会は、このような安楽死と尊厳ある死の迎え方とは、異なるものであると考えています。

回復の見込みのない患者が過剰な医療処置を拒否することや、必要なかぎり苦痛を緩和することを、安楽死と混同すべきではありません。過剰医療を中止し、必要な苦痛緩和によって結果的に死期が早まったとしても、それは許されることだとわたしたちは考えます[54]。延命効果だけの医療を中止し、ふさわしい苦痛緩和に専念するのは、その患者が死んでいくからではなく、また殺すためでもなく、生きている人間の尊厳を尊重するためなのです。

こうした区別を基礎に置いたうえで、死をもたらすことを直接の目的として意図的に行われる安楽死については、「神の法への重大な侵犯」[55]であり、容認できないものであるといわざるをえません。

（52）「積極的な安楽死」とまではいえない最近の法律もあります。たとえば、二〇一五年三月にフランスで、末期患者を「死ぬまで眠らせておく」施術を容認する法案が可決されています。

（53）一九九一年の東海大学安楽死事件では、末期癌患者の苦痛を見かねた家族の依頼で、主治医が塩化カリウムを注射し死亡させました。また一九九六年の京北病院事件では、患者の友人だった主治医がその苦痛を見かねて、筋弛緩剤などを投与し死亡させました。

（54）教皇ヨハネ・パウロ二世回勅『いのちの福音』64―65、教皇庁教理省『安楽死に関する宣言（一九八〇年五月五日）』（*Iura et bona*）参照。

（55）教皇ヨハネ・パウロ二世回勅『いのちの福音』65。

死の意義について

65　現在では、大多数の日本人は病院で死を迎えるようになり、自宅で死を迎える人は一割強です[56]。大家族の中で、また近隣の人々にも見守られながら死を迎えることはまれです。また、核家族化や住宅の狭さといった事情もあって、葬儀も多くは斎場で営まれるため、普段、死の場面に出会わなくなっています。そのため現代人にとって、死はどこか遠くに置き去りにされたものとなっています。忌《い》み嫌われ、日常生活から除外され、見えないところに追いやられた感すらあります。しかし、死は生の一部であり、わたしたちは生を受けた瞬間から、毎日一歩一歩死に向かって歩んでいるのです。「どう死ぬべきか」を考えることは、「いかに生きるべきか」を問うことと結びつきます。

死ぬと分かっているのに、なぜ人間は生きていけるのか——。死について考えるとき、このような根源的な問いにこたえることから出発すべきであるとわたしたちは考えます。安楽死について考えることは、「死に方」を問うだけのことではないはずです。生きている人間は、死にゆく人から多くのことを学び、自らの生と死に対する意識を新たにしていきます。

このような死の意義を見れば、安楽死を選択するということは、人間の生に対し十分な敬意を払っていないことになる——、そういえるのではないでしょうか。

（56）　厚生労働省「人口動態統計」二〇一五年。

尊厳ある死の迎え方

66 「生命を脅かす疾患に直面する患者とその家族のＱＯＬ（人生と生活の質）の改善を目的とし、さまざまな専門職とボランティアがチームとして提供するケア[57]」との理念をもって、ホスピスによる緩和ケアの活動が日本各地に広がっているのはすばらしいことです。緩和ケアにより、患者は痛みなどの苦痛を取り除かれ、死を迎えるまで積極的に生きていけるよう支援が受けられます。これは死期を早めることでも、無理に引き延ばすことでもありません。医療的ケアに加え、心理的、霊的なケアも併せて受けることができ、尊厳をもって、家族とともに最後の時間を充実して過ごせるのです。元来、キリスト教的な伝統と理念から生まれたホスピスやホスピス的治療方法が、日本でも次第に受け入れられ定着してきたのは喜ばしいことです。

近年、「終活」ということばで表されるように、最期に備え身辺を整理しておこうという動きが広まっています。「終活ノート」「エンディング・ノート」と呼ばれるものを元気なときから書き残しておくことが勧められ、そうした本も売られています。この「ノート」の中に、終末期医療についての希望を述べた「リビング・ウィル」の部分がありますが、これについてははっきりとした意思表示をするのはとても大切です。それ以外にも、いわゆる遺言書や、葬儀・墓地についての希望、親戚・友人のリスト、ペットについて、特定の人へのメッセージ、解約してほしい携帯電話や種々の会員登録リストまで書き残せます。これにより、遺族や友人に、自分が残す種々のことがらを整理してもらいやすくなります。自らの最期をよりよく迎えられるよう準備するのも、大切なことでしょう。

(57)　特定非営利活動法人日本ホスピス緩和ケア協会「ホスピス緩和ケアの基準」（二〇〇九年五月二十日最終改定）。

4　脳死と臓器移植

死の判定

67　死は、すべての人に例外なく訪れるものです。生を与えられたわたしたち人間は、誕生、成長、そして病や老いというプロセスを踏み、生物学的には死に向かって歩みます。

人間は昔から、息を引き取ることを死として理解してきました。一説によれば、日本語の「死ぬ」の語源は、息がなくなるという意味である「シイヌ」だといわれています(58)。近代医学が登場するまで、息を引き取ることが、人が納得して死を受け入れられる基準でした。息を引き取った人間を見て、死と判断し、葬儀を行ってきたのです。

しかし、近代医学が発展し充実することによって、死の判定は医師にゆだねられるようになりました。今や、家族も友人たちも、そして行政機関も、医師の判定を尊重し、その判定のもとに人の死を受け入れるようになりました。ほとんどの場合において、医師による死の判定は、呼吸停止、心臓停止、瞳孔散大という三つの徴候をもってなされます。人々はこの死の判定基準に疑問を抱くことなく、素直に死の事実を受け入れています。

（58）林甕臣『日本語原學』（建設社、一九三二年）参照。

臓器移植と脳死の判定

68　しかし、医療技術のさらなる発展に伴い、集中治療室で生命維持のための機器につながれているといった特殊なケースにおいては、これまでとは異なる人間の死の判定が考えられるようになりました。それが脳死です。昏睡《こんすい》、脳幹無反射、脳波平坦の状態が一定時間続くなどの条件が満たされれば、たとえ人工的に機械によって心臓が動いていても、脳死の状態として認定され、法的に人の死として判定される可能性が出てきました。

　脳死状態をもって人の死と判定することは、欧米社会では、日本と比べると比較的早い時期から認められていました。しかし日本では、臓器移植との関連において、脳死に対する関心が高まってきたという事情があります。たとえ脳が死んだとしても、臓器は生きています。生きた臓器を移植すれば、それだけ移植の成功率は高まります。こうして移植医療の要請を受け、臓器移植法が一九九七年に制定され、臓器提供の意思を書面によって表示した人については、脳死が死の判定基準として認められることになりました。その後、医科学的・社会的な合意についての議論が続いた後、二〇〇九年には臓器摘出の要件を改めた改正法[59]が公布されています。

（59）　二〇一〇年七月十七日施行。この改正により、移植術に使用するために臓器を摘出することができる要件が次のいずれかの場合とされました。⑴本人の書面による臓器提供の意思表示があった場合で、遺族がこれを拒まない、または遺族がないとき。⑵本人の臓器提供の意思が不明の場合で、遺族がこれを書面により承諾するとき。

死者とのきずな

69　多くの人には、脳死を人の死として受け入れてよいかどうか、今でも戸惑いがあることは確かです。というのは、脳死と判定されても、心臓は動き、脳以外の身体には血液が循環し、手を触れればその身体は温かだからです。(60) したがって病人と親しく生きてきた友人や親族にとっては、専門の医師たちから脳死との判定を下されたとしても、そう簡単にそれを死として受け入れることができないこともあります。身体のぬくもりがあるかぎり、そして心臓が脈打っているかぎり、友人や家族は、その人とのきずなに未練を残し、たとえ反応はなくとも、生きているかのように、コミュニケーションを求めて語りかけるのです。

そこでわたしたちは、脳死の判定が絶対化されて独り歩きし、死を迎える人と家族や友人とのつながりへの敬意と配慮を欠くことにならないよう注意すべきだと考えます。

（60）脳死状態にありながら、医者たちの助けを借りて出産したという事例も報告されています。アメリカで妊娠六か月の女性が脳死宣告を受けた五十日後に女児を出産したケース（読売新聞夕刊、一九八六年七月三十一日）や、一九九二年六月十九日に開かれた脳死・脳蘇生研究会で報告された、妊娠中にくも膜下出血で脳死状態と判断された女性が、三十五日経過後に女児を出産したケース（毎日新聞、一九九二年六月二十日）などがあります。

死の臨床診断、法的判定、受容のプロセス

70　死にゆく過程を次の三つの視点から捉える必要があります。

一、臨床的な死の診断――病気になって身体のさまざまな組織や臓器が機能不全に陥り、環境との物質交換ができなくなり、有機的な統一体としてもはや機能できなくなったことが確認されます。脳幹を含めた脳全体の破壊が起こると（たとえ医療機器で人為的に呼吸させたり、血液循環させたりしても）、やがてその個体の生命機能が停止します。

医学的にこの状態が確認されることを、死の臨床的な診断と呼びます。この診断は、通常の場合、前に述べた三徴候で行われます。特別な場合（たとえば医療機器につながれた患者で、心臓が止まるより先に脳死状態が生じた場合）には、その脳全体の回復不可能な破壊を確認して、死を臨床的に診断します。

二、社会的・法的な観点からの死の判定――決められた手続きを踏んで死亡診断書が書かれ、

法律が定める時間が経過してから、初めてその遺体を葬ることができます。これについても、通常の場合と特別な場合とに分けることができます。通常の場合、臨床的な判断を前提にして死亡診断書が書かれます。脳死状態の場合で移植の予定があれば、法に基づく脳死の判定を行ったうえで、移植の過程に入ります。

三、プロセスとしての死の受容――故人にとっても遺族にとっても、死は生物学的な出来事であるだけでなく、精神的な出来事でもあります。死に向かっていく本人にとっては、致命的な病気を告知されたときから死ぬ過程が始まり、死をどのように受け止め、どのように受け入れるかという問題に直面することになります。そして本人に寄り添う家族にとっては、どのように見取るかという問題が生じます。そして死後に死人を弔《とむら》い、悼《いた》み、悔《く》やむという過程も非常に重要です。

脳死状態は医学的には決定的で再生不可能な状態ですが、人間としての死には、社会的・文化的な側面もあれば、精神的・心情的な側面もあります。このことを強調するのは、臓器移植にあたっては、遺族に対する十分な配慮が保証されなければならないからです。人間の死には、他の動物の死滅とは異なる意味があります。それは、単なる生物個体・有機体の代謝機能の不可逆的な停止ではありません。そこにおいては、死にゆく者を見取ることや、残された者がその死を受け入れることも重要な位置を占めるのです。

したがって、ヒトという生物種の「生物学的観点からの死」というものと、「一人の人間の死」というものは、区別されなければなりません。

しかし、脳死状態における移植を否定するわけではありません。臓器提供への理解が深まり、移植が推進されていくのは望ましいことです。ただ、人間の身体は、機械ではないのですから、臓器を部品であるかのように捉えることはできません。脳死状態の身体をモノ扱いしてはなりませんし、臓器摘出が認められた場合でも、遺族への配慮も遺体への敬意も欠かせません。家族にとっては、その人の息が止まった後の時間も、大切な時間です。死の受容には時間がかかります。そのために必要な猶予《ゆうよ》が与えられなければなりません。

すべては神の手の中に

71　臓器移植――生体間、脳死後、心停止後のどのかたちであっても――を、希望を失っている人に健康を取り戻させ、生き永らえる可能性を与える現代医学が切り開いた福音として、わたしたちは評価し肯定します。(61)　可能性のあるかぎり、神から与えられたその人の生を支えるため、励ましを与えるとともに必要な手を差し伸べていくことは、わたしたち人間にとって愛の務めです。カトリック教会は、すでに半世紀以上も前から、他者への愛の行いとして臓器移植を肯定してきました。(62)

ただし、死体からの臓器移植が倫理にかなうものであるには、次の条件が満たされているかどうかを確認する必要があると考えられています。

1　安全性と効果。
2　公平な分配、売買がないこと、商品化を避けること。
3　自由意志による提供（本人の生前の意思表示か、遺族の同意）。
4　臨床的、法的に正当な死の確認。
5　遺体に対する畏敬と遺族への配慮。

条件があるとはいえ教会は移植を肯定しているのですが、移植医療は特殊な医療であるということも忘れてはなりません。それは、提供者の自由で寛大な行為によって初めて成り立つものであり、死後の提供であるならば、提供者が死ぬことによって初めて可能となるのです。移植医療が盛んな国では、「臓器が足りない」ということばがしつこいほど繰り返されているといわれます。臓器を部品のように見、提供者が死ぬのを待ち望んでいる社会は、健全だとはいえないのではないでしょうか。わたしたちは、重症患者を救う医療の開発を支持すると同時に、人間と医療の限界も認め、死の現実を受け入れることも大切なことだと考えます。

人生における死の意味を直視せず、地上の生活を少しでも延ばそうとすることのみを最優先する人生観や、消費社会の論理で臓器を商品化してしまうような流れを肯定することはできません。人間の生にも死にも、この世の論理では割り切れない神秘的な価値が与えられています。それをあかししたのが、イエス・キリストの十字架の死と復活による新たないのちです。復活のいのちとは死を超えてなお、「神によって生きている」いのちなのです（ルカ20・38参照）。

人間の生は永遠のいのちに向けて方向づけられているという人生観を、臓器移植にかかわるすべての人に問いかけたいと思います。いのちは神から与えられ、神との交わりに向かっているものです。死は、地上の生から永遠のいのちへと至る旅路の中で、だれもが通らなければならない門なのです。臓器移植という新しい医療技術によって、これまで救われなかったいのちが救われるようになったとしても、生も死もすべては神の手の中にあるという信頼とそこから生まれる希望を見失わずに歩み続けたい――、そうわたしたちは考えています。

(61)　教皇ヨハネ・パウロ二世回勅『いのちの福音』15、86、さらには、同「死の判定に関する学会（教皇庁科学アカデミー主催）参加者へのあいさつ（一九八九年十二月十四日）」参照。

(62)　教皇ピオ十二世は「イタリアの角膜提供者協会代表者へのあいさつ（一九五六年五月十三日）」において「遺体の一部をとることは遺体への畏敬に反するものではない」と述べ、同時に必要条件として「死の確認」「遺族への配慮」「遺体の扱い方における畏敬」などを挙げました。

5　自殺／自死

日本における自殺の現実

72　日本の自殺者数は、一九九八年から十四年間、年間三万人を超えていました。この深刻な状況に対応するため、国や民間によってさまざまな対策がとられるようになりました。国レベルでは二〇〇六年に自殺対策基本法ができ、二〇〇七年には自殺総合対策大綱が閣議決定されました。民間でもさまざまな自殺予防への取り組み、とくに経済的に追い詰められた人への支援が広がってきました。その結果、二〇一二年の統計では、自殺者数は三万人を下回り、その後もこの傾向は続いています。経済的な理由による中高年の自殺は減少したといわれますが、一方で青少年の自殺は減っていないとも指摘されています。[63]

もちろん、自殺の問題は、統計上の数だけでは推し量れません。実際に自殺してしまった人の他に、はるかに多くの自殺未遂者、希死念慮（死にたいと願うこと）の人がいます。また、自殺は残された家族や親しい人に大きな苦しみを与えますが、その遺族の数も膨大なものです。

(63)　警察庁の自殺統計によれば、日本の自殺者数は、一九九八年以降十四年連続して三万人を超える状態が続いていました。二〇一二年に十五年ぶりに三万人を下回り、その後は四年連続で三万人を下回っています。年齢階級別の自殺死亡率の推移を見ますと、四十歳代以上で低下傾向にあり、とくにここ数年は二十歳代、三十歳代も低下傾向にあります。しかし、若い世代の自殺は相変わらず深刻な状況にあり、十五～三十九歳の各年代で自殺は死因の第一位になっています。こうした状況は国際的に見ても深刻で、十五～三十四歳の若い世代で自殺が死因の第一位になっているのは先進七か国では日本だけで、さらに死因全体に占める割合も、他の国に比べ高いものとなっています（厚生労働省『自殺対策白書』二〇一六年）。

追い詰められての死

73　自殺にはさまざまな原因があります。

何かを生命を賭《と》して訴えるといった特殊な例もありますが、通常、現代における自殺の大半は、うつ病や統合失調症、依存症などの病をその原因としています。多くの場合、さまざまな要因が折り重なって、最終的にはうつ病から自殺へという経路をたどるとされています。その要因には、身体疾患、多額の負債、経済的困窮、職場環境の変化、失業、職場の人間関係、過重労働、いじめ、虐待や性暴力など、さまざまなことが挙げられます。それらはうつ病の引き金にもなり、そこから自殺へと向かってしまうことが多いのです。

このように見たとき、自殺の多くは、自らの意思で自由に死を選ぶというよりも、死ぬしかないところまで追い詰められた末の死だといわざるをえません。
かつて自殺は、個人の問題と考えられていました。その人の考え方や性格が自殺を引き起こすと考えられたのです。しかし今では、自殺は社会の問題と考えられるようになっています。これは大きな変化です。

孤立を乗り越えるために

74　このような考え方の変化により、自らの意思で死を選ぶというニュアンスのある「自殺」ということばに代わって、「自死」ということばもよく使われるようになりました。とくに自死した人の遺族を指す場合、その心情に配慮して「自死遺族」という言い方を用いることが定着しています。

　自死しようとする人の中には、「死にたい」という思いと「生きたい」という思いが両方あると指摘されています。そして、自死した人の多くが、最後までだれかに相談していたという統計もあります[64]。

　しかし、実際に自死にまで至ってしまう場合には、共通して「孤立」という問題があります。周囲に、理解し支えとなってくれる人がいるのにそれに気づかず、本人が独りで問題を背負い込み、独り悩み込んでしまう、といったケースもあるでしょう。しかし、実際に悩みを話せる相手を見いだすのが難しい現実があることも確かであり、こうした点からも本人だけの問題にしてしまうことはできません。

現代社会は都市化の進行とともに、急速に地域のきずな、家庭のきずなを弱めてしまいました。都市においてはどれほど多くの人がいても、その一人ひとりは恐ろしいほど孤立しているのです。「だれにも迷惑をかけてはいけない」「人に迷惑をかけずに自分独りで生きていける人にならなければならない」――、それが常識だというような固定観念が、人を追い詰めていきます。そんな中で、だれにも悩みを相談できない状況が生まれるのです。

こうした現実の中で、「いのちの電話」のような民間団体や自治体の相談窓口などによって、多様な自殺予防の働きがなされています。それはとても大切な働きであり、わたしたちはそのような活動をしているかたがたに敬意を表します。

カトリック教会は、伝統的に自殺を罪としてきました。そこには、いのちは神から与えられたものであるという信仰に基づき、いのちを大切にするがゆえに、自殺しようとする人に少しでも思いとどまってほしいという思いが込められていました。しかし同時に、今同じ思いからわたしたちは、死にたいというほどの悩みをもつ人々の痛みに寄り添い、その悩みを少しでも分かち合うことのできる教会共同体になりたいと願っています。

（64）　NPO法人ライフリンク『自殺実態白書2013』所収の「自殺実態1000人調査」の結果によれば、亡くなる前に行政や医療等の専門機関に相談していた人は七〇パーセントに上ります。亡くなる一か月以内に限ってみても、四七・五パーセントの人が、何らかの支援を求めて相談に行っています。

残された家族の皆さんへ

75　身内や身近な人の自死は、残された家族や友人にとってつらいものです。とくに、親や子ども、職場や学校の親しい友人の自死は、残された人に大きな衝撃を与えます。大半の人の心は、「自分のせいではなかったのか」「あのときのことば、あの態度が引き金になったのでは」「どうして理解してあげることができなかったのか」「ああすればよかったのでは」など、自分を責める思いにすっぽりと覆われて、何もしてあげることのできなかった無力感にさいなまれ、悶々《もんもん》とします。そのかかわりが親密であればあるほど、そこから抜け出すことは、また難しいものです。

そうした難しさを承知のうえで、わたしたちは神に心をあげ、すべてをご存じの神の手に自分自身をゆだねることを勧めます。「この世で人生は終わらない」「神の世界につながっている」、それがわたしたちの信仰です。すべての人のいのちは、この世の歩みを終えたあと、この地上の労苦と重荷から解き放たれ、永遠の神のいのちに包まれていくのです。

神は、正義の神であると同時にあわれみの神でもあります。この世の生を終えた人々を、「神がどのように裁き、どのように受け入れられるのか」、それはわたしたち人間の思いをはるかに超えた神秘です。裁きは、すべてを見通される神の手にゆだねるべきです。この世界の複雑な現実と、人間の弱さを考えるとき、わたしたちは自死したかたがたの上に、神のあわれみが豊かに注がれるであろうことを信じます。

旧約聖書の中で、神はご自分について次のように語られました。

女が自分の乳飲《ちの》み子を忘れるであろうか。
母親が自分の産んだ子をあわれまないであろうか。
たとえ、女たちが忘れようとも
わたしがあなたを忘れることは決してない。
（イザヤ49・15）

またイエス・キリストは、次のように人々を招いておられます。

疲れた者、重荷を負う者は、だれでもわたしのもとに来なさい。休ませてあげよう。
（マタイ11・28）

この聖書のことばこそ、わたしたちキリスト信者が本当に頼りとしているものなのです。しかし残念なことに、教会には「いのちを自ら断つことは、いのちの主である神に対する大罪である」という考えから、自死者に対して、冷たく、裁き手として振る舞い、差別を助長してきた面があります。その事実を認め、わたしたちは深く反省します。

この反省の上に立って、今の教会は、神のあわれみを必要としている故人と、慰めと励ましを必要としているその遺族のために、心を込めて葬儀ミサや祈りを行うよう、教会共同体全体として変わろうとしています。

身近な人を自死によって失った皆さんには、わたしたちは、まず何よりも祈ることを勧めます。嘆き悲しんだり、自分を責めたりする気持ちはすぐにはなくなりませんが、祈りは、暗闇に閉ざされた心をいのちに向けて開いてくれる救いの道です。それは、神との対話であると同時に、亡くなられたかたとの対話を育てます。神との対話は、人間のいのちがこの世で終わるものではないという確信を与え、祈る人の心を慰めてくれるでしょう。また、神の光のもとでの故人との対話は、わたしたち人間どうしのきずなは肉体の死によって断ち切られるものではなく、目に見えないかたちでつながり続けていることを悟らせてくれます。祈りがあるところに安らぎと平和、そして希望が生まれます。

6　死刑

死刑廃止を訴える教会の姿勢

76　カトリック教会は、刑罰制度の厳格な適用により、死刑以外の方法で、犯罪の再発を防止し、社会の安全を確保することが可能になってきた今の時代、人間のいのちの尊さという原点に立って、死刑制度はその存在理由をもはや失ったと考えています。一九九五年に発表された教皇ヨハネ・パウロ二世の回勅『いのちの福音』[65]を契機に、死刑廃止へと向かうカトリック教会のこの姿勢は、より明確なものとなってきました。さらに教皇フランシスコは、二〇一八年五月に『カトリック教会のカテキズム』の死刑に関する項目（二二六七）の書き換えを命じました。それによって同項目から、死刑が必要とされる場合は「皆無ではない」という記述は消え、福音の光のもとに「死刑は許容できない」と明言されることとなりました。日本の教会の中でも、死刑廃止を訴える声がつねに上がっています。[66]いのちの尊さをイエス・キリストから学び、回心とゆるし合いを大切にするがゆえに、わたしたちは、犯罪者の更生を支える刑法の改正と死刑廃止を求めています。それは、世界人権宣言の精神にもかなうものです。「いのちは神聖であり、したがって不可侵である」という原則は、いのちの根幹にかかわるすべての問題に当てはめなければなりません。[67] 死刑の問題も例外ではありません。

(65)「絶対的に必要な場合、換言すれば他の方法では社会を守ることができない場合を除いては、犯罪者を死刑に処する極端な手段に訴えるべきではありません。しかし今日、刑罰体系の組織立てが着実に改善された結果、そのような事例は皆無ではないにしても、非常にまれなことになりました」（教皇ヨハネ・パウロ二世回勅『いのちの福音』56）。他に、教皇フランシスコ「国際刑法学会でのあいさつ（二〇一四年十月二十三日）」参照。

(66) 日本カトリック司教協議会諸宗教部門編『カトリック教会の諸宗教対話の手引き――実践Q&A』一〇五ページ、日本カトリック司教協議会社会司教委員会編『なぜ教会は社会問題にかかわるのかQ&A』九五―一〇一ページ参照。

(67) 第二バチカン公会議『現代世界憲章』27、教皇ヨハネ・パウロ二世回勅『いのちの福音』9、27、40、56参照。

死刑廃止の流れと日本

77　多くの先進主要国では、死刑制度は廃止されています。残されているのはアメリカ（一部の州では廃止）と日本だけです。[68] 国連は一九八九年に死刑廃止条約を採択しましたが、日本は現在も未締約です。[69] 日本の最近の世論調査は、「死刑を容認する」人が八〇パーセントに上ると報告しています。こうした世論調査は設問自体に問題があるとも指摘されていますが、世論がそのまま倫理基準になるというわけではありません。国連人権規約委員会が二〇〇八年十月に提出した日本政府への勧告の中で、「死刑存置が世論の多数であっても、政府が世論を積極的に啓発して、死刑制度廃止に向かうべきだ」と述べていることを重く受け止めるべきでしょう。

(68) 日本の歴史を振り返ると、八世紀から十二世紀の初頭まで、死刑の条文はあってもその執行は緩やかに運用され、遠島の刑が与えられていたようです。その後、武士たちが台頭するに従って、公の処刑が当然のように行われるようになったといわれています（衆議院調査局法務調査室「死刑制度に関する資料」二〇〇八年六月、参照）。

(69) 内閣府「基本的法制度に関する世論調査」二〇一四年十一月。前回調査（二〇〇九年十二月）では「場合によっては死刑もやむを得ない」と八五・六パーセントの人が回答したのに対し、今回は五・三ポイント下がって、八〇・三パーセントの人が「死刑もやむを得ない」と回答しています。また、前回五・七パーセントの人が「どんな場合でも死刑は廃止すべきである」と回答したのに対しては、四ポイント上がって、九・七パーセントの人が「死刑は廃止すべきである」と回答しました。一方、今回「終身刑を導入した場合」とした設問では、「死刑を廃止するほうがよい」が三七・七パーセント、「死刑を廃止しないほうがよい」が五一・五パーセントとなっています。男女別では、男性のほうが「死刑もやむを得ない」「死刑を廃止しないほうがよい」の割合が高く、女性では逆に「死刑は廃止すべきである」「死刑を廃止するほうがよい」の割合が高くなっています。

刑罰とは何か

78　犯罪に対して刑罰が科せられるのは当然ですが、どのような刑罰が犯罪者の更生や人々の安全を守ることにつながるのかを考えなければなりません。刑罰とは、被害者やその家族を満足させるためのものでも、社会の怒りに配慮するためのものでもなく、犯罪者に罪を償わせ、更生と社会復帰を可能にするためのものであるはずです。死刑の執行は、犯罪者から悔い改め、償い、更生の機会を奪い、彼らの再生への歩みを不可能にします。

また、冤罪《えんざい》の問題も考えなければなりません。もし無実の人に死刑を執行してしまえば、誤った判決を正す可能性は永遠に奪われてしまいます。裁判官が誤った判決を下す可能性を否定できない以上、死刑制度を受け入れることはできないのではないでしょうか[70]。

なお、死刑が犯罪抑止力になるという考え方もあります。しかし、国連の調査でも、死刑は犯罪抑止力になっていないとの調査結果がたびたび出されています[71]。

(70)　戦後の刑事裁判の中で、死刑判決を下されながら再審無罪を勝ち取った事件は四件あります。免田事件、財田川事件、松山事件、島田事件です。そして袴田事件のように、半世紀近くも無実を訴え続け、再審請求を続けている死刑確定者もいます。二〇一四年三月二十七日に静岡地裁から再審開始決定が出され、袴田巖さんは四十七年七か月ぶりに釈放されましたが、検察が即時抗告したため、いまだ再審は始まっていません。袴田さんは確定死刑囚のままです。

(71)　「国連からの委託により、『死刑と殺人発生率の関係』に関する研究が、たびたび実施されています。最新の調査（二〇〇二年）では『死刑が終身刑よりも大きな抑止力を持つことを科学的に裏付ける研究はない。そのような裏付けが近々得られる可能性はない。抑止力仮説を積極的に支持する証拠は見つかっていない』との結論が出されています」（公益社団法人アムネスティ・インターナショナル日本「死刑廃止——死刑に関するQ&A」）。

被害者感情と償いの可能性

79　被害者とその遺族や親族、友人たちの怒りや報復の感情もまた、死刑制度を容認する主張の根拠にされています。しかし、死刑によって怒りや報復の感情を晴らしたとしても、そのことによって本当に被害者遺族の心に平安がもたらされるのでしょうか。

すべての被害者遺族が、加害者の死を望んでいるとは限りません。保険金目当ての殺人で弟を殺された男性が、その著書の中で次のように述べています。

僕は、制度としての死刑を廃止すべきだ、と声高に言うだけのものを持ち合わせてはいません。しかし少なくとも自分の体験から、「被害者感情」によって死刑をすることに疑問を持ち始めていました。死刑は、人を殺すことです。「被害者が望むから」と言われると、「お前は、刑務官が首に縄をかけて人を殺すことを望む人間なのだ」と言われている気がして、打ち消したくなります。自分のことを、他人が殺されることを望んでいる人間だと考えることは耐えられることではありません。僕は、自分に貼られている被害者遺族のレッテルを考えるとゾッとしました。そのレッテルには「心の中が憎しみだらけで、復讐を望んでおり、加害者が殺されることを待っている」と書かれている気がするのです。[72]

そして彼は、法務大臣にあてた、死刑に反対し加害者との接見を求める上申書に次のように書いています。「被害者遺族として彼らに対し望み要求要望することは、決して死刑執行ではなく、謝罪、償いだと考えます。生きる存在があるからこそ、そこに謝罪、償う意識が生まれるのではないかと考えています」「接見交流の場が与えられると云うことは少なくとも、加害者が被害者に対し謝罪し、償いをする意識を増幅できる場だと思っています」[73]。

もちろん、このように考える被害者遺族が多いとはいえないでしょう。しかし、死刑という復讐を肯定しても、そのことによって被害者遺族の心が本当の平安を取り戻すことにはならないということも、もっと深く考えられるべきではないでしょうか。

個人の仇討《あだう》ちを認めない代わりに、国家による死刑の執行は認められるべきだといった声が聞かれることもあります。しかし、国家が犯罪者に報復する、ある人間のいのちを要らないいのちとして抹殺するということに正当性があるでしょうか。死刑とは結局のところ、国家による殺人です。いのちを尊重するがゆえに殺人罪を極悪な犯罪とみなす国家が、例外的ではあっても殺人を肯定することには、矛盾を感じざるをえません。殺人に殺人で、暴力に暴力で報いることでは、凶悪犯罪が引き起こした暴力の連鎖を断ち切ることはできません。

加害者が自分の罪を認め、悔い改め、心から被害者に謝罪し、そのことを通して傷ついた人と人とのつながりを結び直すことができる。現実には非常に難しいことと知りながらも、この希望を手放すべきではない、そうわたしたちは考えます。

（72）原田正治『弟を殺した彼と、僕。』（ポプラ社、二〇〇四年）一六一―一六二ページ。

（73）同二三二、二三三ページ。

宗教の視点とゆるしの意味

80　繰り返し述べてきたように、いのちは神の分野に属するものです。聖書にこうあります。「愛する人たち、自分で復讐せず、神の怒りに任せなさい。『「復讐はわたしのすること、わたしが報復する」と主はいわれる』と書いてあります」（ローマ12・19。申命記32・35参照）。生殺与《せいさつよ》奪《だつ》の権威は神の手の中にあるのです。たとえ、どのような理由があろうと、またそれがどれほど人間的に正義に見えたとしても、わたしたち人間が国家共同体の名において一人の人間のいのちを奪うことは、神の権限を侵すことです。

創世記の、弟を殺したカイン追放の場面にある、神が「カインに出会う者がだれも彼を撃つことのないように、カインにしるしをつけられた」（創世記４・15）という文章には注目すべきです。そこから、わたしたちは、死刑を否定するメッセージを読み取ることができます。そのしるしは、犯した罪の行為に対する反省をカインに促すものであり、どんなに醜い罪を犯しても、人間に最後まで生きる可能性を与えようとする神の愛によるものです。実に、生への道が開かれていてこそ、悔い改めの可能性も開かれてくるのです。

また、死刑をもって一人の人間を決定的に裁いてしまうことは、わたしたち人間の成熟への道を閉ざしてしまうものであることも指摘したいと思います。「七の七十倍までもゆるしなさい」（マタイ18・22）というキリストの教えに従う者として、人間としての成熟と完成は、権利と義務に基づいて互いの基本的な人権を尊ぶということにとどまらず、無償の愛と献身、そして罪人に対するゆるしの中にあると、わたしたちは考えます。ゆるしがたきをゆるし合っていくことから、真の人間の輝きが現れてきます。

それは、十字架を前にして弟子たちに剣《つるぎ》を放棄することを命じ、自分を十字架に釘《くぎ》づける者たちのために、ゆるしを願いつつ息を引き取ったキリストが歩んだ道です。多くの人を引き寄せ、多くの人の心に訴える力を持ち続けるキリストの魅力は、報復ではなく、いのちを賭けてゆるしの道を選択したことにあります。

なお、イエスの教えに従う人間どうしの「ゆるし合い」は、犯罪の事実をうやむやにすることでも、正しい裁判を行わずに犯罪者を野放しにすることでもありません。「ゆるし」とは、一つの長い歩みです。犯罪者の回心、すなわち罪を認めて謝罪することを願って祈り続け、また憎しみと復讐の心から自分が解放されるようにと祈り続けることによって、わたしたちは本当の意味のゆるしと和解へと近づいていくのです。

二　いのちを脅かすもの

1　環境問題

環境問題の変遷

81　一般に環境問題とは、自然環境に生じる問題をいいます。それは、自然が本来備えている自己再生能力を超えて自然資源を採取したり、自然界で分解・循環しえない化学物質などを排出・廃棄したりすることで生じる環境の破壊について問うことです。

こうした環境問題が日本の社会で広く認識されるようになったのは、一九五〇年代から七〇年代にかけてでした。高度経済成長期と呼ばれるこの時代に、四日市ぜんそくや水俣病やイタイイタイ病の原因である、工場からの排煙・排水などによる大気汚染や水質汚濁が明らかになりました。さらにこの時期には、宅地開発による山林や丘陵の減少や、自動車の排ガスによる大気汚染によっても生活環境が悪化しました。また、物質的に豊かになりつつあった家庭では、資源の消費やごみの量が急増し、プラスチック製品や合成洗剤といった化学物質を日常的に使用するライフスタイルが定着して、産業だけが環境破壊の原因ではないことも明らかになってきました。

その後、科学技術の進歩や経済市場のグローバル化が急速に進むにつれ、環境問題も変化してきました。技術主義、消費主義が牽引《けんいん》する大量生産、大量消費、大量廃棄の中で、自然資源の枯渇や気象異変が指摘され始めた一九七〇年代に登場したのが「地球環境問題」ということばです。それは、地球温暖化、生物多様性の喪失、熱帯林の減少、砂漠化、土壌劣化、海洋汚染、酸性雨などに代表される、人類の未来を脅かす地球規模の問題です。

たとえば、世界の生物多様性は、かってないほど悪化しています。世界自然保護基金（WWF）は、一九七〇年から二〇一〇年の間に世界の生物種の個体数が五二パーセントも低下したと報告しています。(74) 生物の主要な生息地である森林も危機的状況にあります。森林は生物多様性の宝庫であるだけでなく、地球温暖化の主原因である二酸化炭素を吸収するものとしても働き、豊かな水をたたえつつ、地球環境を健やかに保ってくれます。ところが、二〇〇〇年から二〇一〇年の間に、世界全体で年間一、三〇〇万ヘクタールもの森林が消失しているのです。植林や自然の拡大を差し引いた純消失面積は年間五二〇万ヘクタールで、これは日本の国土面積の約一四パーセントに相当します。(75)

生物多様性の減少は、おもに行き過ぎた開発が原因であることはいうまでもありませんが、近年では、遺伝子組み換え生物や外来種による生態系の乱れ、里地里山といった人の手を適切に加えつつ生態系を守る土地での人口減少もその要因となっています。

また、技術主義や経済活動だけが、生態系破壊の原因となるのではありません。新しい軍事基地建設によって森林やサンゴ礁がいやおうなく失われていくようなケースもあります。特定の地域の自然とそこに住む住民が、国の安全保障政策の名のもとに犠牲を強いられる状況を放置することは、正義にかかわる問題です。

(74)　世界自然保護基金（ＷＷＦ）「生きている地球レポート２０１４」。
(75)　国連食糧農業機関（ＦＡＯ）「世界森林資源評価２０１０」。

環境問題への認識のひろがりと社会正義

82　地球環境問題が世界各地に現れてきた中で、環境問題に関する初めての国際会議が一九七二年に開かれました。「かけがえのない地球（Only One Earth）」というキャッチフレーズで知られる国連人間環境会議です。この会議をきっかけに、地球環境問題は自然資源枯渇や汚染だけの問題ではなく、貧困、紛争、難民、人権、保健衛生、雇用、福祉、教育、ジェンダーなど、多様な社会問題と相互に関連したものであり、貧困問題の解決なくして環境問題の改善はないという認識が広まりました。

一九九二年に開催された環境と開発に関する国際連合会議（リオ地球サミット）では、地球環境問題はすべての国にとっての共通責任であるものの、途上国と先進国とでは解決能力が異なるという「共通だが差異ある責任」という考えが合意されました。また、二〇一二年に開催された国連持続可能な開発会議（リオ＋20）では、環境、経済、社会の三つの側面を統合するという考えが示され、「持続可能な消費と生産」のパターンを定着させることが急務であるとの確認もなされました。

カトリック教会では二〇一五年、教皇フランシスコが環境についての回勅『ラウダート・シ』を発表しました。その中で教皇は、使い捨て文化を形づくる大量生産、大量消費、大量廃棄の悪循環の構造が、地球環境問題の大きな原因であると指摘し、それを牽引するのは富裕層の飽くなき消費の追求であって、その負の影響を被るのが途上国や貧困層であると繰り返し強調しています。

こうした現世代の貧しい人々に対して負っている「エコロジカルな負債」は大きな問題ですが、さらに「世代間倫理」、すなわち将来世代の生存に大きな損害を与えていないかということもまた問われています。環境問題は、同世代間および将来世代との間の公正、公平性を問う社会正義の問題なのです。

環境問題の多様な問題性

83　回勅『ラウダート・シ』の中で教皇フランシスコは、現在の生態学的危機がもつさまざまな側面を把握したうえで、環境問題が単なる自然資源の問題でも社会の問題でもないという認識をはっきりと示しています。一見、環境問題は単なる自然環境の問題のように見えます。しかし、その問題をよく見てみると、そこにさまざまな側面があることが分かります。そもそも「環境＝自然」という前提のみで環境問題を捉えることには無理があるからです。人間は、生きるうえで必要な自然資源を、何らかの社会環境を通して受け取っています。新鮮な水を得ることも、清浄な空気を吸うことも、社会的な制度や仕組みといった社会環境に依存しています。さらに、こうした周辺環境のあり方を決定づけるわたしたちの考えや価値観や意志といった、人間の内なる環境も問われなければなりません。人間的な生を可能にしている内的な環境を考慮せずに、人間主体そのものの問題でもある環境問題について問うことはできないのです。

「総合的《インテグラル》なエコロジー」といのちの健やかさ

84　このように自然環境の問題が、多様なつながりから生じるものであるとの前提に立てば、これまで環境問題の領域では論じられなかったことがらも、自然との関係の中で捉え直してみることが必要になります。人間の生の身体的側面、実存的側面、社会的側面、そのすべては、自然との関係を無視して捉えられるものではないのです。

教皇フランシスコは次のように述べています。「エコロジーとは、生命体とその生育環境とのかかわりの研究です。こうした研究は、社会の存在と存続に必要な諸条件に関する考察と討議、そして開発と生産と消費の特定のモデルの問い直しに必要な正直さを必然的に伴うものです。すべてがつながっているといくら主張しても主張しすぎることはありません(76)」。

だからこそ、人間を一生物種として、あるいは生態系の一構成要素として扱う自然生態学や環境生態学だけでは、人間とその社会の問題である環境問題の内実を捉えることは不可能であって、人間存在とは、さまざまな要素が一つに総合されたものであり、固有な性質をもつものであるという視点がそこに求められるのです。人間の固有性とは、人間は自然との関係のあり方に主体的に関与しうる存在であり、その関係のあり方について責任を問われる存在であるということです。

このような観点から、教皇フランシスコは「総合的《インテグラル》なエコロジー」という新しい概念を提示しています。(77)それは、真の意味での持続可能な開発・発展の姿を示し、単なる公共の福祉を超えた、共同体成立の基本原理である「共通善」を尊重することを求めるものです。

これまで教会は、人間の望ましいあり方を「神との調和」「自己との調和」「人間相互の調和」という三つの次元から捉えてきました。「総合的《インテグラル》なエコロジー」は、そこに新たに「自然との調和」の次元を付け加えることを提案しています。この「自然との調和」を踏まえた霊性（信仰に基づいた生き方）を、教皇は「エコロジカルな霊性」と呼んでいます。人類は、地球生態系としてのいのちの全体性に配慮することによって、初めて真に全人的な発展を果たすことができるのです。

わたしたち日本の教会もこのエコロジカルな生き方を深め、同じ地球に住むすべての人とともに、今の世代と将来世代に対する責任を果たしていくことができるよう努めていきたいと願っています。

(76)　教皇フランシスコ回勅『ラウダート・シ』138。
(77)　同15。

2　原子力発電

二〇一一年の福島第一原発事故

85　二〇一一年三月十一日に起きたマグニチュード九・〇の大地震は、巨大津波を引き起こし、東北・関東地方に甚大な被害をもたらしました。この地震と津波により、東京電力福島第一原子力発電所では六号機を除いて電力供給手段がすべて失われ、核燃料が圧力容器の底に溶け落ちるメルトダウン、さらにその一部が容器の底を貫通したと推定される事故（メルトスルー）が発生しました。そして水素爆発と炉心格納容器の破損によって多量の放射性物質が放出され、北は青森県、南は静岡県あたりまで、東日本の広域にわたって放射能汚染が広がりました。この事故では、広島に投下された原爆の一六八・五個分に相当する放射性セシウム一三七が放出されたと推定されています（二〇一一年八月の政府試算）(78)。そのうちの約九〇パーセントは季節風によって太平洋上に流れ、一〇パーセントが陸上に拡散しました。天候条件によっては、関東全域を含む広大な地域が深刻な汚染を受ける可能性も十分にあったのです。

事故から五年以上が経過した二〇一六年七月時点でも、福島県では八万九千人あまりの人が県内外で避難生活を続けています（同県発表）。避難が長期化する中、肉体的・精神的負担を原因とする関連死や、生活に絶望し自らいのちを絶ってしまうケースも後を絶ちません。種々の事情で、家族が分かれて避難せざるをえなくなり、最終的には離散してしまう例も見られます。あるいは、子どもが転校先でいじめに遭うといったことも報道されています。除染作業は続いていますが、依然、「帰還困難区域」は大熊町《おおくままち》、双葉町《ふたばまち》、富岡町《とみおかまち》、浪江町《なみえまち》などの広域にわたっています。そして、事故を起こした原発自体の廃炉作業の完了は数十年先とも見られ、正確に予想することすら困難な状況なのです。

（78）　衆議院科学技術・イノベーション推進特別委員会の川内博史委員長が二〇一一年八月九日に同委員会で表明した要求に対し、政府が提出した試算値（東京新聞、二〇一一年八月二十五日）。同月二十六日に経済産業省は、詳細データを「東京電力株式会社福島第一原子力発電所及び広島に投下された原子爆弾から放出された放射性物質に関する試算値について」として発表しました。

原発の抱える諸問題

86　原子力発電については、以下のような問題点を指摘することができます。

- 自然災害、人的ミス、意図的攻撃など原因が何であれ、いったん重大事故が起これば、一国ないし複数の国にまたがる広範な地域に深刻な汚染が広がる事態に陥ることは避けられません。

●通常の操業プロセスにおいても、原発は放射能による環境汚染や労働者の被曝を伴います。核燃料製造のためのウラン鉱石の採掘・製錬においてすでに労働者の健康被害をもたらし、また鉱山周辺では残土や鉱滓《こうさい》によって土壌や水が汚染されます。原発運転時においては、作業員は放射性物質汚染区域で被曝労働に従事しなければなりません。日本の原発は、約五〇万人ともいわれる労働者の被曝によってこれまで支えられてきたといわれています。[79]さらに、作業自体の危険や健康被害への懸念のほかに、多重下請構造、偽装請負、暴力団の介入などによって、労働者としての権利が侵害されている例も少なくありません。また事故後の放射能汚染地域での労働は、除染作業はもちろん、道路工事、建築作業、清掃、ごみ処理の仕事も被曝を伴うものとなっています。

●原発を運転すると、多くの核分裂生成物や生成されたプルトニウムなどを含んだ使用済み核燃料が生じます。日本において、原子炉から取り出された使用済み核燃料は、原子炉建屋内の貯蔵プールや、青森県六ヶ所村の再処理工場付設の貯蔵プールに納められています。使用済み核燃料の中には高レベル放射性物質が含まれ、半減期が万年単位に上るものも多量にあります。国は、二〇〇〇年に特定放射性廃棄物処分法を成立させ地層処分計画を進めてきましたが、進展がないまま年月が経過しています。一方、使用済み核燃料を再処理してプルトニウムを再び燃料として利用する「核燃料サイクル」は日本の原子力政策の柱に位置づけられてきましたが、その中核施設であった高速増殖炉「もんじゅ」は二〇一六年十二月に政府によって廃炉が正式決定され、「サイクル」を実現できる見通しは立っていません。

●エネルギー利用のメリットを得る人と危険性を押しつけられる人とが、地域的あるいは世代的に公平ではありません。世代間倫理、すなわち将来世代への責任という考え方は、環境倫理思想において、近年とくに強調されているものです。

●軍事利用への転用の可能性が否定できません。福島第一原発の事故後、原発廃止の運動に対抗して、安定的電源の確保などさまざまな理由を挙げて原発の必要性を訴える議論がわき起こりましたが、その中で「潜在的な核抑止力」としての原発の必要性が唱えられてもいます。[80] 実はこの動機づけは、原発事故以前から脈々と受け継がれてきたものでした。[81]

(79) 樋口健二『新装改訂・原発被曝列島――50万人を超える原発被曝労働者』(三一書房、二〇一一年)。

(80) 読売新聞、二〇一一年八月十日社説「核燃サイクル　無責任な首相の政策見直し論」、同九月七日社説「エネルギー政策　展望なき『脱原発』と決別を」参照。石破茂・自民党政務調査会長（当時）は、雑誌のインタビューで「核の潜在的抑止力を持ち続けるためにも、原発をやめるべきとは思いません」(『SAPIO』、小学館、二〇一一年十月五日号) と述べています。

(81) 日本原子力研究開発機構の鈴木篤之理事長は「この国の安全保障から見た原子力の位置づけをできれば

今度の大綱ではご議論いただきたい」と第一回原子力政策新大綱策定会議で述べています（二〇一〇年十二月二十一日）。また、二〇一〇年十月に秘密指定が解除され公開された一九六九年九月二十五日付の文書「わが国の外交政策大綱」（外務省外交政策企画委員会）には「核兵器の製造の経済的・技術的ポテンシャルは常に保持するとともにこれに対する掣肘《せいちゅう》（＝干渉）をうけないよう配慮する」と記述されています。

速度を落として

87　日本における核の歴史を振り返れば、広島・長崎への原爆投下から、第五福竜丸をはじめとする核実験に巻き込まれた漁船乗組員らの被曝、核燃料工場での臨界事故、原発事故による被曝まで、国民は核の惨禍《さんか》を繰り返し経験しました。それゆえ日本に住むわたしたちには、核技術がもたらした害悪を記憶し、その犠牲者である世界各地の「ヒバクシャ」と連帯し、核問題の解決に向かって歩む大きな歴史的責任があります。

こうした日本特有の経験も踏まえ、わたしたち日本のカトリック司教団は、いのちと原発は共存することはできないという思いを強くもっています。

福島第一原発事故発生から八か月後の二〇一一年十一月に、わたしたち司教団は「今こそ原発の廃止を――福島第一原発事故という悲劇的な災害を前にして」というメッセージを発表しました。さらにその五年後には、あらためて司教団メッセージ「原子力発電の撤廃を――福島原子力発電所事故から五年半後の日本カトリック教会からの提言」を発表しました[82]。その中で、

「核分裂を人工的に起こして取り出す核エネルギーは、生命体を維持するエネルギーや、燃焼などによって取り出される通常のエネルギーに比べ、桁違《けたちが》いに強大」であり、「ひとたび原子力発電所で過酷事故が起これば、市民生活が根底から破壊されること。また放射能による環境被害の影響は、国境も世代も超えて広がること」をあらためて指摘し、「原子力発電の撤廃の前に立ちふさがる、大きな力の存在」が無視できないことにも警鐘を鳴らしました。「人間は本来、自分自身との関係、他者との関係、大地（自然環境）との関係、そして神との関係において調和があってこそ、平和で幸福に生きることができる」ものであり、原子力発電の是非は「将来世代をも含めたすべての人間の尊厳を守るという一点から判断しなければならない」とわたしたちは考えています。

教皇フランシスコは、二〇一五年に回勅『ラウダート・シ』を発表し、現代社会が直面している環境危機と社会危機に、人類は真摯に取り組まなければならないと訴えました。教皇はこの回勅の中で、原子力発電をはっきりと否定しているわけではありませんが、現代社会の危機的状況の根には、科学技術を万能とし、無条件によしとする考えがあると述べ、(83)核エネルギーをはじめとする新しいテクノロジーが絶大な権力を生み出し、それが知識や経済力のある少数の人々に握られていることの危険性について指摘しています。(84)また「ビジネスは、関連コストのほんの一部だけを計算して支払うことによって利益を得る」ため、「未来の資源や健やかな

環境を犠牲にしていることには、少ししか関心が向けられ」ていないということも鋭く批判しています。(85)

教皇フランシスコはこう呼びかけます。「石器時代への回帰を提案する人はだれもいませんが、速度を落として異なるしかたで現実を眺め、なし遂げられてきた積極的で持続可能な進歩を十分に生かすとともに、抑制の効かない誇大妄想によって一掃されてきた価値と優れた目標を取り戻すことがわたしたちには必要です」(86)。

原子力発電についても皆でよく考え、撤廃のために連帯して歩みを進めることができるよう、わたしたち日本の司教団は願っています。

(82) 二〇一六年十一月十一日付。このメッセージに先だち刊行された『今こそ原発の廃止を――日本のカトリック教会の問いかけ』（日本カトリック司教協議会『今こそ原発の廃止を』編纂委員会編、二〇一六年十月）では、原発問題に関する多角的な検証がなされています。
(83) 教皇フランシスコ回勅『ラウダート・シ』第三章。とくに102―114。
(84) 同104。
(85) 同195。
(86) 同114。

3　格差と貧困

世界に広がる貧困

88　貧困というと、紛争地帯や途上国などにおいて、飢餓に苦しむ人たちを思い浮かべる人が多いことでしょう。実際、一日一・九ドル未満[87]で生活している人の数は七億人強であるといわれています。アフリカ大陸を中心に、こうした、衣食住もままならない絶対的貧困に苦しむ人が大勢いる一方、経済的に発展している先進国においても、貧困は大きな問題となっています。世界における所有資産順位の上位八名の資産合計が、全体の半数に相当する下位三六億人の資産合計とほぼ同じであるとされる今[88]、世界中で貧困と格差が広がり、社会の分断が生み出されているのです。

(87)　世界銀行が貧困ラインとして定める、食糧や生活必需品を購入できる一日あたりの最低所得ライン。これまでは一・二五米ドルでしたが、二〇一五年に一・九米ドルに改められました。

(88)　オックスファム報告書「99%のための経済」二〇一七年一月。オックスファムは、貧困問題に取り組み活動する国際協力団体です。

日本の中の貧困

89　経済的に発展した日本では、貧困は撲滅された問題として考えられてきました。第二次世界大戦後、極度な貧困が社会を襲いましたが、その後、高度経済成長によって、日本は世界有数の経済大国となりました。「一億総中流」といわれ、貧困は昔を懐かしむノスタルジー程度に捉えられていました。

ところが九〇年代に入り、バブル経済の崩壊とグローバル化に伴う産業構造の転換などによって、日本は「失われた十年」「失われた二十年」といわれる、先の見えない不況の時代へと突入していくことになります。働き盛りの中高年が次々にリストラされ、若者が大学を出ても就職先が見つからないという時代が訪れたのです。

こうして、ほとんど顧みられることがなかった格差や貧困の問題に、人々の目が向けられるようになりました。

格差や貧困の蔓延《まんえん》の背景には、厳しい雇用状況があります。二〇〇〇年代に入って雇用の非正規化が急速に進み、労働者の三人に一人が非正規雇用という、先進国にあっては異常ともいえる状態が続いています。非正規雇用は雇用自体が不安定なうえ、賃金も安く、社会保障を満足に得られない場合も少なくありません。とりわけ若年層における非正規雇用率は高く、二十歳代に限れば、二人に一人が非正規雇用という状態が続いています。

二〇一二年の相対的貧困率は、一六・一パーセントに達しています。(89) とりわけ、高齢者、単身女性、子どもの貧困率は高い比率を示しています。また生活保護受給者は年々増加を続けており、二〇一六年三月時点で二一六万人、世帯数は一六三万を超えるまでになっています。(90)

かつて「貧困は撲滅された」といわれた日本の状況は大きく変わり、多くの人が貧困に陥る可能性のある時代になったといえるでしょう。同時に格差も拡大してきています。高等教育を受けるには高額な費用が必要になるため、進学をあきらめざるをえない若者もいます。そのことがさらに負の連鎖を生み、貧困から容易に抜け出すことができない状況を作り出しています。

政府は貧困対策に取り組む姿勢を見せる一方で、生活保護費の削減や管理の強化を推し進めています。自己責任ではない子どもの貧困は深刻だが、大人の貧困は本人の怠慢が原因であって自己責任だと決めつける、そのような風潮が蔓延しているのではないでしょうか。

(89)　厚生労働省「国民生活基礎調査」二〇一三年。「相対的貧困率」については、四四ページの注（5）参照。
(90)　二〇一六年六月一日の厚生労働省発表による。

排除と格差のある経済の拒否

90　カトリック教会は、格差と貧困の問題と向き合い闘わなければならないという姿勢を、以前から強く示してきました。教会の社会教説は一貫して「財貨が万人のためにあるという原理」を主張し、貧しい人には特別な関心が払われるべきであることを説いています。

とくに教皇フランシスコは、格差と貧困に立ち向かうため、教会共同体が力を合わせていくことの重要性をたびたび指摘しています。路上生活をしていた老人が凍死してもニュースにはならずに、株式市場で二ポイントの下落があれば大きく報道されることや、飢えている人たちがいるにもかかわらず食料が捨てられている状況を強く批判し、「排除と格差のある経済を拒否せよ」[91]と強く主張しています。

（91）　教皇フランシスコ使徒的勧告『福音の喜び』53。

物質的ではない貧困の問題

91　貧困は単に金銭的な充足の問題にとどまるものではありません。

教皇ベネディクト十六世は、「物質的貧困」に加えて「非物質的貧困」が存在するとして、こう述べています。「発展した豊かな社会にも、貧困化や、情緒的・道徳的・霊的貧困が見られます。こうした貧困は、内面生活が方向づけを見失った人々や、経済的に豊かであるにもかかわらずさまざまな不安を経験している人々に見いだされます」[92]。

マザー・テレサは、来日した際に「経済大国である日本のもっている最大の貧困を指摘して、次のように述べました。

日本にもたくさんの貧しい人たちがいます。それは、自分なんて必要とされていないと思っている人たちのことです。(93)

物質や金銭の欠乏であるならば物理的に埋め合わせることができますが、相談できる人がいない、居場所がない、社会から孤立しているといった貧困の解決は容易なことではありません。それは、貧困問題を本質的に解決する難しさの一側面でもあります。たとえば、路上で暮らしていた人が生活保護を受けてアパートに入居したものの孤立してしまい、路上生活に戻ってしまったといった話を耳にすることがあります。路上生活をしていたときには周囲に仲間がいたので孤独を感じることは少なかったけれども、アパート暮らしを始めてみると、周りにだれも知り合いがいないという状況が苦しくなった、そう当事者は話すのです。

また、一人で子育てに奮闘しているシングルマザーの中には、仕事を複数掛け持ちし、夜遅くまで働いている人が少なくありません。そのため、コンビニでお弁当を買って、一人夕食を済ませている子どもがいます。そうした子どもに温かな手を差し伸べようと、「子ども食堂」

を運営する人のネットワークが各地で広がっています。岩手県で子ども食堂を運営する一人の女性は「問題はお金だけでなく『時間』と『つながり』の困窮による孤立です。子ども食堂の意味は〝単に子どもがご飯を食べる場所〟ではありません。子どもも大人も社会的孤立の状態にあって得られない情報や、支援、制度利用、つながりを得られる場が必要です[94]」と、その意義を語っています。

物質的な貧困の解決も大切ですが、同時に、物質的貧困によってもたらされる可能性もある「非物質的貧困」にも目を向けていかなければならないのです。

(92)「二〇〇九年世界平和の日メッセージ」2。
(93) 五十嵐薫『マザー・テレサの真実――なぜ、「神の愛の宣教者会」をつくったのか』(ＰＨＰ研究所、二〇〇七年)五二ページ。
(94) 治部れんげ「子ども食堂で考える、貧困対策に必要なこと」(『東洋経済オンライン』、東洋経済新報社、二〇一六年六月五日)で紹介されている、山屋理恵・インクルいわて理事長のことば。

教会ができること

92　教皇フランシスコは、次のようなことばをもってわたしたちに訴えかけています。「貨幣は奉仕するものであって、支配するものではありません。……富む者は貧しい者を助け、敬い、励まさなければなりません」[95]。

第二バチカン公会議も、「飢え死にしそうな人に食物を与えなさい。彼に食物を提供しないならば、君が彼を殺したのだ」[96]とのことばを引いて、実際に行動することを強く求めています。

多くの教会では、貧しい国の貧しい人々のための献金や援助活動が続けられています。身近なところにある貧困に対し、さまざまな取り組みを行っている教会もあります。ホームレスの人たちに対して炊《た》き出しや食事を配るといった活動を行ったり、子どもの居場所として施設を提供したりしている教会もあります。また、廃棄される賞味期限前の食料を引き取り、食べ物に困っている人たちに届けるフードバンクの活動に、教会が協力する動きもあるようです。これらはまさにいのちをつなぐ活動です。

急激な勢いで押し寄せる貧困や格差の問題を解決することは、容易ではありません。しかし、だれからも必要とされていないと感じる孤独や孤立から人を救うことに関しては、わたしたちの教会にもできることが何かしらあるはずです。

「貧しい人々は、幸いである、神の国はあなたがたのものである」（ルカ6・20）といわれたイエスに従い、わたしたちは「いのちの問題」として貧困の問題に関心を持ち続け、周囲の人々と力を合わせて、この問題に取り組み続けたいと思います。

(95) 教皇フランシスコ使徒的勧告『福音の喜び』58。
(96) 『グラティアヌス教令集』(*Decretum Gratiani*) 参照。このことばは、第二バチカン公会議『現代世界憲章』69に引用されています。

4 差別

人間のいのちを奪う差別

93 わたしたちのいのちは、単に生物としての生命にとどまるものではありません。いのちは人間全体にかかわるものです。いのちは神との関係、自分との関係、他者との関係、自然との関係の調和の中で成り立っています。差別がいのちにかかわる問題であるのは、この調和をそれが破壊するからです。差別は人間のいのちを傷つけ奪います。差別は人間をいわば殺すのです。

人はだれでも一人ひとりが等しく尊く大切な存在だという考えには、ほとんどすべての人が同意します。しかし、現に差別されている人がいるのも事実です。わたしたち自身が差別されたり、気づかないまま差別に加担していたりする場合もあります。なぜ、こうしたことが起こるのでしょうか。

人権理解の発展

94　差別とは、何らかの属性（人種、性別、年齢など）をもつ集団に対して、不当で偏《かたよ》った、不利益になるような扱いをすることです。

世界人権宣言は、第二次世界大戦が終結して間もない一九四八年十二月十日の、第三回国連総会で採択されました。大きな戦争の後の早い段階で、平和宣言や不戦宣言ではなく人権宣言が出されたことには、差別をなくし、すべての人の人権を確立することこそが平和につながるという基本精神がよく表れています（引用は外務省訳）。

すべての人間は、生まれながらにして自由であり、かつ、尊厳と権利とについて平等である。人間は、理性と良心とを授けられており、互いに同胞の精神をもって行動しなければならない。（第一条）

すべて人は、人種、皮膚の色、性、言語、宗教、政治上その他の意見、国民的若しくは社会的出身、財産、門地《もんち》その他の地位又はこれに類するいかなる事由による差別をも受けることなく、この宣言に掲げるすべての権利と自由とを享有することができる。

（第二条第一項）

何を差別と捉えるかは、人権の理解の発展、社会のあり方や時代によって変化していきます。たとえば、障害についての見方には、障害を個人の身体にあるとする「医学モデル」から、社会の側にあるとする「社会モデル」への変化がありました。障害者の問題は福祉の問題ではなく人権の問題であり、障害者を「保護の対象」から「権利の主体」であるとする考えに、この数十年で大きく変わってきたのです。

二〇〇六年には国連で障害者権利条約が採択され、日本は二〇一四年に同条約を批准《ひじゅん》しました。これはそれまでの人権条約とは異なり、できることがらに差があっても、人権や基本的自由の享有《きょうゆう》や行使が妨げられてはならないとする条約で、起草段階から障害者自身が参画したという特徴があります。「わたしたちのことを、わたしたち抜きに決めないで」（Nothing about us without us!）というスローガンは、その理念を表しています。(97)

(97)　障害者権利条約に対応する国内法が、二〇一六年四月に施行された障害者差別解消法です。名称に「差別解消」がついた初めての法律で、障害者に対する差別的な取り扱いの禁止と合理的な配慮を求めています。

日本における差別

95　相手を直接侮辱したり排除したりすることだけが差別なのではありません。個人の間の差別を超えて、法律や教育、政治などによる制度的な差別や、美の基準なども含む文化的な差別もあります。社会において多数派であるというような強い立場にいると、差別の構造を意識する機会がなく、差別していても気づかずにいることもあります。

日本社会の歴史的発展過程で形成された身分構造に基づく部落差別は、非常に深刻で根深い日本固有の差別です。現在では、被差別部落の劣悪な住環境などは改善され就学率も上がりましたが[98]、被差別部落出身ということで、就職、結婚などの人生の節目において、差別的な扱いをされることが今もあります。同和地区の地価が周囲よりも低いといったことにも、差別意識は表れています。一九七〇年代に、被差別部落の地名・住所などが記された「部落地名総監」と総称されるたぐいの書籍を多くの企業が購入していたことが発覚し、大きな事件になりました。二〇一六年にも、その原典といわれる書籍が復刻出版されようとし、裁判所によって差し止めの仮処分が出されました。しかし、差別的な情報発信は続いており、部落差別の撤廃はいまだ実現できていません。

また、日本では誤った政策と法律、ならびにそれに助長された無知と偏見によって、九十年にもわたるハンセン病患者の強制隔離が続いてきました。(99)そこでは本人だけでなく、家族や遺族に対しても深刻な人権侵害が続けられてきたのです。

日本社会には、ほかにもさまざまな差別があります。外国人、アイヌ、自死遺族、被爆者、水俣病患者とその家族、性的マイノリティ、ＨＩＶ陽性者などに対する差別、また外見による差別などです。女性や障害者に対する差別も依然なくなっていません。不当に大きな基地負担を押しつけられている沖縄の人々や、福島第一原発事故によって大きな影響を受けた福島の人々に対する、他の地域の人々の無関心や偏見の中にも差別意識があるといわざるをえないでしょう。

(98)　一九六五年には、同和対策審議会（同対審）の答申が出されています。これは、部落差別の解消が「国民的な課題」であり「国の責務である」と明記され、日本政府が「部落問題の解決を国策として取り組む」ことを確認した歴史的な文書です。一九六九年には十年の時限立法として同和対策事業特別措置法が成立し、その後もさまざまな法案が提出され、二〇〇二年の終結まで、何らかのかたちで同和対策事業が続けられました。

(99)　二〇〇一年五月十一日に熊本地方裁判所で「らい予防法」違憲国家賠償訴訟の原告全面勝訴の判決が下され、ハンセン病患者の隔離は誤りであって、それを許容したらい予防法は日本国憲法に違反しており、国の進めた隔離政策が差別を助長し、きわめて深刻な人生被害を与えたことが認定されました。

ヘイトクライム、ヘイトスピーチ

96　ヘイトクライム（憎悪犯罪）とは、差別や偏見を動機とした犯罪を指すことばで、ヘイトスピーチ（差別扇動表現）とともに、一九八〇年代以降、米国で使われ始めました。ヘイトスピーチとは、人種、民族、性的指向、宗教などの属性を理由として、その属性を有する少数派の集団や個人を侮辱し、差別、憎悪、排除、暴力を扇動する言動のことです。日本では二〇一三年ごろから深刻化し、在日韓国朝鮮人（コリアン）、被差別部落、沖縄、アイヌなどが攻撃対象となっています。ヘイトスピーチは単に罵詈雑言《ばりぞうごん》にとどまるものではなく、徐々にエスカレートしながら集団殺戮《ジェノサイド》にまで至るといわれています[100]。差別意識によって相手を人と思わなくなると、実際の殺人が「人間を殺す」ことであると意識できなくなってしまうのです。

二〇〇九年十二月、京都朝鮮第一初級学校が襲撃されました[101]。その後、京都、大阪、東京、川崎などの在日コリアンの集住地域でのヘイトスピーチが繰り返されます。加害者自身がインターネット上に差別行為を動画として公開することで、国外のメディアを含め、広く社会の関心を集めています。ヘイトスピーチには、インターネットの存在が大きくかかわっていると考えられます。これまでも存在していながら表には出ていなかった差別意識が、ネット上で過激化し、路上に、つまり現実の世界に噴出してしまったものともいえるでしょう。

一方で、ヘイトスピーチに対する抗議行動（カウンター）も各地で行われるようになりました。ヘイトスピーチは不当な差別を助長するとして、国も対策に取り組み始めています。二〇一六年五月二十四日、いわゆるヘイトスピーチ対策法（本邦外出身者に対する不当な差別的言動の解消に向けた取組の推進に関する法律）が成立しました。目に見えるかたちでの法の成立が一定の効果を生み、成立直後に、ヘイトスピーチ目的と思われるいくつかのデモが中止されました。しかし、表現の自由に抵触するおそれなどを理由に禁止規定や罰則がなく、どこまで有効かという懸念もあります。

(100) 人が偏見をもつと、第一段階で誹謗中傷に、第二段階で回避に、第三段階で能動的差別に、第四段階で身体的攻撃に、そして第五段階では虐殺へと進むとされます（G・W・オルポート『偏見の心理』一九五四年［原谷達夫・野村昭共訳、培風館、一九六一年］）。「憎悪（ヘイト）のピラミッド」では、「人種的偏見、偏見による行為、差別、暴力行為、ジェノサイド」という五段階で表現されています（*PYRAMID OF HATE-Lesson for High school*, Anti-Defamation League and Survivors of the Shoah Visual History Foundation, 2003）。また、国連人種差別撤廃委員会は、「人種主義的ヘイトスピーチがその後の大規模人権侵害およびジェノサイドにつながってゆく」としています（「一般的勧告35」3、二〇一三年九月二十六日、人種差別撤廃委員会一般的勧告35翻訳委員会・翻訳、窪誠・監訳）。

(101) 二〇〇九年十二月四日、「在日特権を許さない市民の会」（在特会）、「主権回復を目指す会」（主権会）のメンバーらが、京都朝鮮第一初級学校による勧進橋児童公園の不正占用に抗議するとして、同校前でヘイトスピーチを行いました。さらに、翌年一月、三月にも、同様の街宣活動が行われました。この事件については刑事裁判と民事裁判が行われ、刑事判決では侮辱罪、威力業務妨害罪が適用されました。民事裁判では、人種差別撤廃条約に反する人種差別であるとした京都地裁の判決が下り、街宣の禁止と計一、二二六万円あまりの賠償が命じられました（二〇一三年十月十七日）。高裁も地裁判決を支持、最高裁は上告を棄却して、判決が確定しました（二〇一四年二月十日）。

聖書のメッセージ

97「われわれにかたどり、われわれに似せて、人を造ろう」（創世記1・26）。聖書は、神がすべての人を一人ひとり、愛するかけがえのない存在として創造したことを教えています。「『神の似姿として』（創世記1・27）の人間の創造は、すべての人間に卓越した尊厳を授け、すべての人間の基本的な平等を要求します。……ここに、人種に基づくいかなる形態の差別も絶対に受け入れえないものであることが分かる」[102]のです。

神はだれも守ってくれる人がいない弱い立場に置かれている人々の代表として、やもめ、孤児、寄留者に、とくに関心を寄せるよう命じます（出エジプト22・20―23参照）。自分が神から受けたいつくしみを振り返れば、虐《しいた》げられた人に無関心ではいられないはずです。「あなたは寄留者を虐げてはならない。あなたたちは寄留者の気持ちを知っている。あなたたちは、エジプトの国で寄留者であったからである」（出エジプト23・9）。

イエスは神をわたしたちの父と呼び、すべての人が兄弟姉妹であることを示しました。イエスは差別され、排除される人に深く共感し、その人々を特別に兄弟姉妹として受け入れました。

重い皮膚病の人に手を差し伸べて触れ、罪人のレッテルを貼られていた人と食事をともにし、敵意の対象であったサマリア人を隣人愛の模範としてたとえ話に登場させました。そして、貧しく助けを必要としている兄弟姉妹の一人にしたことはイエス自身にしたことであると宣言しました（マタイ25・40参照）。

キリスト教は古代の社会の中で、ユダヤ人と異邦人、自由人と奴隷、男性と女性の差別を乗り越えるために働きました。しかしまた、長い歴史の中で差別（とくに異教徒に対する差別）をしてきた面も否定できません。そのことを反省しつつ、今もわたしたちは、自分が差別する側に立っているのではないかと、つねに自問しなければなりません。

差別を克服するために、差別された人の声に耳を傾け、差別とは何かを知り、差別の構造に気づき、無知や思い込みによって自分の感性がゆがめられていないか、たえず振り返る必要があります。人権の尊重や差別解消の訴えに対する無関心を戒《いまし》め、すべての人が等しく神に愛されていることを思い出すのです。

キリストに倣い、差別されている人々の側に立ち、あらゆる差別と闘い、すべての人が兄弟姉妹であるという福音の喜びに生きる者でありたい――、これがわたしたちの願いです。

（102）教皇ヨハネ・パウロ二世「国連反アパルトヘイト特別委員会でのあいさつ（一九八四年七月七日）」。

5　戦争・暴力

戦争と教会

98　「戦争は人間のしわざです。戦争は人間の生命の破壊です。戦争は死です[103]」。キリストの誕生は「地には平和」（ルカ2・14）という天使の歌に迎えられました。キリストは愛を教え、十字架上で死刑に処されても力に訴えることはありませんでした。そのため、カトリック教会は暴力や戦争を否定し、平和を重視してきました。しかし、カトリック教会の歴史においては、十字軍、異端者の処刑、宗教戦争などの血なまぐさい事件が繰り返されており、戦争を正当化するような考えも存在します。戦争と平和、暴力と非暴力についての教会の姿勢は、どのように発展してきたのでしょうか。

（103）　教皇ヨハネ・パウロ二世「広島平和アピール（一九八一年二月二十五日）」。

イエスと初代教会の姿勢

99　旧約聖書には、戦争も暴力も神の意思として登場することがありますが、同時に終末における平和の姿が描かれています。

主は国々の争いを裁き、多くの民を戒《いまし》められる。
彼らは剣《つるぎ》を打ち直して鋤《すき》とし
槍《やり》を打ち直して鎌とする。
国は国に向かって剣を上げず
もはや戦うことを学ばない。
（イザヤ2・4）

キリストの模範とキリストが与えた戒めも、非暴力に徹するものでした。キリストは「剣をさやに納めなさい。剣を取る者は皆、剣で滅びる」（マタイ26・52）と述べて抵抗せずに捕らえられ、耳を切り落とされた人をいやしました。

初代教会も、キリストの教えを暴力の否定として受け継ぎました。テルトゥリアヌス（二〜三世紀）は、逮捕されたときのキリストのことばを、すべての兵士に向けられたものとして解釈しました。[104]

（104）テルトゥリアヌス『偶像礼拝について』（*De Idolatria* 19, *Patrologia Latina* 1, 768A）。

「正戦論」とその背景

100　三一三年にローマ帝国でキリスト教が解禁され、やがて国教となりましたが、最初に戦争に参加することを肯定したのはアンブロジオとアウグスティヌスです（四〜五世紀）。両者とも、「右の頬を打たれたら左の頬をも向けなさい」と教えたキリストの戒めを忘れず、個人としては、攻撃された場合に抵抗することを勧めはしませんでした。[105] しかし、無防備な弱者を守る愛の実践として武力行使を認めたのです。アウグスティヌスにとって、この愛の実践はとくに政府当局に課されるものであって、政府当局はそのために存在すると考えられていました。

　これをきっかけとして、非暴力主義と無抵抗主義に代わって、いわゆる「正戦論」が教会の主流の立場となりました。「正戦論」では、戦争は目的においても手段においても正当でなければならず、平和の回復が目的でなければなりません。手段に関しては、必要以上の武力を使うこと、虐殺、火を放つことなどは認められません。[106]

　この時代でも、旧約聖書に見られる神の意思としての戦争という考えは、キリスト教に受け継がれてはいませんでした。しかし、十一世紀の終わりころに、教皇ウルバノ二世が東ローマ帝国の依頼に応じて最初の十字軍を招集し、十字軍派遣の時代が始まりました。これ以降キリ

スト教圏内では、イスラム圏や異端者に対して十字軍が適用されました。(107)

宗教改革後の宗教戦争が終結して以降、ヨーロッパは啓蒙《けいもう》時代に入り、政教分離の思想が広まりました。教会と国家はそれぞれ相手の本来の務めを侵さないものとし、教会が戦争の主体となることもなくなりました。しかし、国民国家の成立に伴って、国家主義、国民主義、国粋主義のような思想も台頭し、多くの国のカトリック教会は、これらの思想に影響を受けることになります。とくに二十世紀の前半に起きた二つの大戦において、各国の教会は国家の戦争遂行を支持し、国民および兵士の士気高揚に協力することとなりました。

(105) アンブロジオ『教役者の職務について』(*De officiis ministrorum* I, 35, 175, *Patrologia Latina* 16, 80B)、アウグスティヌス『自由意志論』(*De Libero Arbitrio* I, 5, 12, *Patrologia Latina* 32, 1227)。
(106) アウグスティヌス『神の国』(*De Civitate Dei* III 14, IV 6, V 17, XIX 7)。
(107) アルビ派の征伐を目的としたアルビジョア十字軍は、その有名な例です。

現代諸教皇の行動

101　冷戦(108)の最中《さなか》に教皇に選ばれたヨハネ二十三世は、冷戦と核戦争の脅威の解決策を探り、キューバ危機が勃発した際、この危機を回避するために尽力しました。(109)
それ以降の教皇も、平和のための呼びかけを続けました。パウロ六世の国連での演説（一九六五年）、ヨハネ・パウロ二世の広島平和アピール（一九八一年）、そしてイラク攻撃を阻止するためのヨハネ・パウロ二世の働き（二〇〇三年）はよく知られています。

（108）第二次世界大戦後、ソビエト社会主義共和国連邦（ソ連）を盟主とする共産主義社会主義陣営と、アメリカを盟主とする資本主義自由主義陣営の間に続いた緊張関係。全面的な武力行使は伴わないものの、政治、経済、外交、地域紛争等、あらゆる分野で対立状態にありました。四十四年間続いたこの東西冷戦は、一九八九年のマルタ会談において、ようやく終結が宣言されました。

（109）キューバ危機とは、一九五九年の革命を機に社会主義化したキューバでのソ連の核ミサイル基地建設が一九六二年に発覚し、強く反発するアメリカとの間で核戦争勃発寸前まで達した冷戦期最大の危機のことです。教皇ヨハネ二十三世は、アメリカ側ともソ連側とも交流できたため、双方の首脳の同意を受けて、バチカンラジオから平和アピールを放送しました。ソ連の中央機関紙『プラウダ』がそれを一面で大々的に取り上げると、ソ連は自国民に対して、米国への屈服ではなく平和のための教皇の努力に協力するというミサイル撤収の建前を得、危機は収まりました。

抑止論の否定

102　キューバ危機の背景には、抑止力をもつことが平和維持にもっとも有効な方法だとする考えがありました。それに対し、ヨハネ二十三世は回勅『パーチェム・イン・テリス——地上の平和』で次のように述べています。「こういった軍備は、武力の均衡によってしか平和を保障することができないという、一般的な理解によって正当化されています。そのため、もし一つの政治共同体が軍事力を増強するならば、他の政治共同体もそれに合わせて同じように武装しなければならないことになっています[110]」。

同様に、第二バチカン公会議『現代世界憲章』は次のように述べています。「人々は、この抑止の方法をいかように評価するにせよ、多くの国が行っている軍拡競争は平和を確保するための安全な道ではなく、それから生じるいわゆる力の均衡も、確実で真実な平和ではないことを確信すべきである。それは戦争の原因を取り除くどころか、徐々に増大するよう脅かす。つねに新しい兵器を準備するために莫大な富が費やされているのに対し、今世界中にはびこっている悲惨をいやすためには十分な対策を講じえないでいる。諸国間の紛争が真に根本的に解決されるどころか、世界の他の地域にまで広がっている。このつまずきが取り除かれ、世界が不安の圧迫から解放されて真の平和が回復されるには、意識改革から出発して新しい道を選ばなければならない[111]」。

軍備増強につながるような抑止論では、いうまでもなくそれに必要な経済力をもつ国が有利となり、強いものの勝ちで終わってしまいます。戦争の真の要因は「経済的・社会的分野での不正や過度の不公平、人々や国家間に広がる羨望《せんぼう》、不信、高慢など[112]」ですが、軍備増強を生み出す抑止では、世界に蔓延《まんえん》しているこれらの問題を解決することはできません。

(110)　教皇ヨハネ二十三世回勅『パーチェム・イン・テリス――地上の平和』(*Pacem in Terris*) 59。
(111)　第二バチカン公会議『現代世界憲章』81。
(112)　『カトリック教会のカテキズム』2317。

平和の基盤

103　カトリック教会は、軍事力による正当防衛に厳しい条件を課しています。しかし、現代の戦争は、もはや限定的な損害の除去というよりも、兵士と市民の区別なく重大な害をもたらす巨大な力の行使に姿を変えてしまっています。都市に対する大規模な空爆や化学兵器・ミサイルによる攻撃など、無差別の殺戮《さつりく》が現代の戦争の特徴です。最新の兵器、とくに無人兵器が高度な技術によって遠隔操作されると、戦争の当事者は、相手をもはや人間として実感することなく殺害することができます。ここではもはや「正戦」などありえないのです。まして、神の名による戦争など考えられません。戦争が起こりそうになったときには、それが正当であるかどうかを判断することより、そのような状況が生じないようにすることのほうがはるかに大切です。
ヨハネ二十三世は「真の平和は相互の信頼の上にしか構築できない(113)」と述べていますが、それは、人間の悪の可能性に目をつぶるような非現実的な信頼を意味するのではなく、信頼が可能となる状況を作り出す必要があるという主張です。教皇は国家間の関係が「真理、正義、実際的な連帯、そして自由をもって律せられなければなりません」[114]と述べています。「真理」とはいっさいの偏見や差別を否定し、人間の平等を認識するものであり、「正義」とは、それぞれの国家、民族、および人間の権利を尊重し、公正な世界を構築すること、「実際的な連帯」とは、積極的な交流、協力、助け合いを促進すること、そして「自由」とは、不当な圧迫や干渉がないことを意味します。

(113) 教皇ヨハネ二十三世回勅『パーチェム・イン・テリス』61。
(114) 同47。

最後に

104 「殺してはならない」（出エジプト20・13、申命記5・17）――、これが神のおきてです。キリストが教えを通して、また身をもって示し、初代教会もキリストが望んだ姿として理解していた非暴力の姿勢を、今の時代においてこそ思い起こす必要があります。

平和主義や非暴力主義には、非現実的な性善説以上の根拠があります。それは、暴力は望ましい結果をもたらさないということです。暴力は相手に害を加え、特定の結果を強制的にもたらそうとするものです。それは必ず、恨《うら》みと亀裂の種子を蒔《ま》くことになります。武力行使によって奪われたいのち、壊された家庭、傷つけられた心を回復することはできません。暴力は本来、悪であり、避けるべきものです。問題を解決しようとして「戦争に訴えればそれは即敗北です。戦争に打ち勝つ唯一の方法は、決して戦争をしないことです」[115]。

今日の日本には、戦争における加害・被害両面の経験から生まれた日本国憲法があります。これは、二十世紀の戦争の非人間性を体験してきたわたしたちの先人が残してくれた宝です。わたしたち日本のカトリック司教団は、日本国憲法の平和主義、なかでも第九条の精神を、戦争の犠牲となったすべての人の遺言として重く受け止め、この憲法を尊重し、いかなる戦争にも反対する意思を表明します。

二〇〇一年九月十一日に、アメリカで同時多発テロが起きました。それ以来、世界は戦争とテロ、暴力の連鎖から逃れることができなくなっています。この暴力の連鎖の中で、あまりにも多くのいのちが傷つき、失われています。そして傷ついた心は、何世代にもわたって痛み続けることも明らかです。戦争の犠牲となる人々、とくに罪のない子どもたちの叫びに耳を閉ざすことはできません。わたしたちは、政治的主張としてではなく、あくまで人間のいのちの問題として、平和を訴え続けます[116]。

(115)　教皇フランシスコ「お告げの祈り後のあいさつ（二〇一五年八月九日）」（『教皇フランシスコ講話集3』［ペトロ文庫］所収）。このことばは、広島と長崎に言及して述べられました。

(116)　日本カトリック司教団戦後七十周年メッセージ「平和をもたらす人は幸い」二〇一五年、参照。

おわりに

すべての人に向けて

105　このメッセージを手に取り、ここまで読んでくださった皆様に心から感謝します。

二十一世紀を迎えたころから、日本司教団のメッセージは、カトリック信者のみならず、すべての人に向けて発表されることが多くなりました。それは、わたしたちの関心が、信仰の内容にとどまらず、広く人間のいのちと尊厳全般にかかわる問題にも直接向けられるようになったことを意味しています。教会は、どのように天国に行くのかという視点だけではなく、どのように神の望まれる世界を実現するか、という点に目を向けるようになりました。つまり、具体的に人間の生きる現実を見つめ、人間の限界を認めながらもなお、よりよく生きるためには何が問題で、その克服のためにどのような視点を提供できるか、という点に目を向けるのです。実は、それは聖書のメッセージとイエス・キリストの生き方からすれば、本来あるべき姿にやっと近づいたということにすぎません。

神のいつくしみ

106　この新版を準備していた時期は、教皇フランシスコが世界に広がるカトリック教会に「いつくしみの特別聖年」を呼びかけ、もはやこれ以上傷つかないほど傷ついた人間の尊厳といのちに気づき、これを神の心でいつくしむよう招いたときと重なりました。

今日の世界には、どれだけ不安定で苦しい状況があることでしょうか。どれだけの傷が、もう声を上げることのできない多くの人の肉体に刻まれていることでしょう。それは、豊かな人の無関心によって彼らの叫びが小さくかき消され、それ以上声が出せなくなってしまったからなのです。……侮辱を与えることになる無関心、心を麻痺《まひ》させて新しいことを求めさせないようにする惰性、破壊をもたらす白けた態度、そうしたものに陥らないようにしなければなりません。世界の悲惨さと、これほど多くの尊厳を奪われた兄弟姉妹の傷をよく見るために、目を開きましょう。[117]

さらに、教皇は一つ一つのいのちがそれだけで完結されるものではなく、互いにつながったものであることを指摘します。聖書が「神とのかかわり、隣人とのかかわり、大地とのかかわりによって、人間の生が成り立っている」[118]と教えていることを思い出させるためです。

(117) いつくしみの特別聖年公布の大勅書『イエス・キリスト、父のいつくしみのみ顔(二〇一五年四月十一日)』(*Misericordiae Vultus*) 15。

(118) 回勅『ラウダート・シ』66。

真理に向かっての歩み

107 もちろん、教会はすべての問題を解決する妙案や回答をもっているわけではありません。教会は、信仰の感覚と伝統を大切にしつつ、たえずキリストに立ち帰り、新しい時代の人間の問題に向かい合って悩み、考え、議論しています。わたしたちは不完全な存在ですから、このメッセージも不完全なものにすぎません。それでもわたしたちは不完全な人間として、神が聖書を通して示す真理に向かって歩むことをあきらめず、同時にこの不完全さをもった人間をいつくしむ神のまなざしを受け取り、伝えたいと願っています。初版の「おわりに」にも書いたように、ここには神の人間に向けるまなざしがいつくしみのまなざしであることを伝えたいという思いが込められています。

日本には、先人たちが築き受け継いできた精神性の豊かさがあります。先祖や家族を大切にし、人と人とが互いに思いやる心もそうですが、人間を圧倒する大自然の力に畏怖《いふ》の念を覚え、研ぎ澄まされた簡素さに美を感じ、動植物だけでなくモノである調度品や道具や家にすら感謝を表し供養する心もそうです。初版から一貫して述べてきた、天地の創造主である神がすべてのいのちの造り主であること、それゆえいのちは聖なるものであり不可侵であるという考え方は、この伝統に生きる多くの人にも理解し、共感していただけると信じています。

経済効率や社会的立場を優先し、人と人とのつながりや支え合いを見失いつつあるこの社会の中で、どこかに居心地の悪さを感じ、本当はもっと大切なものがあったはずだ、と感じている人にとって、このメッセージがいのちを考えるための手がかりになることを願っています。

いのちの造り主であるいつくしみ深い神の祝福が、皆様の上に豊かにありますように。

二〇一七年一月一日　世界平和の日に

日本カトリック司教団

事前に当協議会事務局に連絡することを条件に、通常の印刷物を読めない、視覚障害者その他の人のために、録音または拡大による複製を許諾する。ただし、営利を目的とするものは除く。なお点字による複製は著作権法第37条第1項により、いっさい自由である。

いのちへのまなざし【増補新版】

2017年3月17日 第1刷発行
2024年6月10日 第5刷発行

著　者　日本カトリック司教団

発　行　カトリック中央協議会
〒135-8585 東京都江東区潮見2-10-10 日本カトリック会館内
☎03-5632-4411(代表)、03-5632-4429(出版部)
https://www.cbcj.catholic.jp/

印 刷　株式会社精興社

定価はカバーに表示してあります　ISBN978-4-87750-203-4 C0016